ふたたび出会う世界があるから

お坊さん、癌を生きる

本多昭人

Honda Akito

ふたたび出会う世界があるから

本多 昭人

本文中、『浄土真宗聖典（註釈版）第二版』は
『註釈版聖典』と略記しております。

はじめに

本多昭人師に連載原稿の執筆依頼をするため、島根のご自坊を訪ねたのは本多師のがん再発から一年半が経った二〇一四年九月のことだった。

その年の春、私は本多師から、自らの半生をまとめた『燈炬《とうこ》』という自費出版本をいただいていた。読み始めると間もなく、医師から命のタイムリミットを知らされて、帰途についたときの心境が綴《つづ》られた一文が目に止まった。「病院から家に帰るまでの通いなれた道路沿いの風景が、今までとは違って見えた」――。

わが身に何が起きているのか、正確に受け止められないもどかしさと、不安に輪をかけるかのように、容赦なく襲ってくる命の終焉《しゅうえん》への強迫観念。これは、末期がんを告げられた人の誰もが抱く、マイナスの心のありようだった。

しかし文章からは、本多師のもう一つの感慨も伝わってきた。それは、限りある命と知ったからこそ感じることのできる、わが身を取り巻くありとあらゆるものへの愛《いと》おしさ、かけがえのなさという、プラスの心のありようである。

私は、その後の病苦と死苦とに向き合う本多師が気になり、「日々、何を感じ、何を思うのか、そのありのままの気持ちを綴ってもらいたい」との願いを持って訪れたのだった。本多師の苦悩を超えて生きるその姿は、きっと多くの人びとに共感と勇気を与えるに違いないと確信したからでもあった。

こうして二〇一五年四月、大阪の本願寺津村別院の月刊教化誌「御堂さん」に、「癌を生きる」と題して連載が始まった。余命二年と本多師自身が目算されていた年月をはるかに超え、丸四年間、一度も休むことなく、二〇一九年三月号の最終回まで執筆し続け、校了後間もない二月十一日、浄土往生の素懐《そかい》を遂げられたのだ。お見事というほかない。

内容は本文をお読みいただくことに尽きるが、あえて一言申しあげれば、回を重ねるごとに、いのちの深まりを感じずにはおれない。それは、本多師の苦悩のど真ん中に阿弥陀如来がおられたからといえる。如来さまの大悲の本願を心の中心に置いたとき、人は誰でも苦悩を超えて、たくましくいきいきと生きることができる。そのことを、本多師は生涯をかけて私たちに示してくださったのだ。

反響も大きかったことから、このたび本願寺出版社から一冊にまとめて発刊されることになった。本多師ご本人も生前の希望だったし、何より私が出版のお約束をした以上、実現できた喜びと安堵《あんど》の思いが胸に込み上がってくる。

本書が、より多くの人に親しまれ、さらに人生に苦悩を感じたすべての人が、如来のご本願の温もりに出会われて、たくましく生き抜かれるご縁となるならば、これほどうれしいことはない。本多師も同じ思いだろう。

なお、出版にあたって、ご尽力いただいた本願寺出版社の元部長・矢嶋俊哉さん、「御堂さん」編集長の菅純和さん、それに編集の労をいただいた本願寺出版社のスタッフの皆様に、心から御礼申しあげたい。

二〇一九（令和元）年十二月

本多昭人 法弟　末本　弘然

はじめに……末本　弘然……3

第一章　生きるために苦しむ

突きつけられた現実……11
「終活」を全うする中で……14
生きるために苦しむ現実……18
苦の中で味わう喜びと気づき……22
兄の死が伝える人生の終着駅……26
むしばむ病魔しぶといアイツ……29
住職三十年〝最後〟の大事業……32
苦悩の隣り合わせにあるお慈悲……35
一粒の効用と阿弥陀さま……38
苦しみがあったから……42

第二章　絶望を生きる喜びに

支えてくれる仲間がいて……49
苦悩の中に届く希望とよび声……53
再会の笑顔につながる喜び……56

欄間に隠された秘密の心 59
そのまんまでいい安心感 63
いつかは不明な「最後まで」 66
生死の苦海を受け止める涙 69
いのちの真実を見つめて 73
声援に苦を緩和され 77
医療の次に仏教寺院のワケ 81

第三章　揺るがぬ人生

不確実なものより確かな仏地 87
父の背中を心で感じて 91
テーマ通りの父の最期 95
堪え難い愛別離苦の想い 98
副作用の〝強弱〟を決め手に 102
生の行き着く先は〝お浄土〟 105
数珠つなぎ・聴聞の旅 108
希望へ転じるお念仏の一本道 112
突きつけられる老いの象徴 115

たった六字、されど六字……118

第四章　生きるとは出会い続けること

七十年前の婦人会報一号……125
「降誕」その意味に感謝して……128
一冊の本と念仏の力……132
私をむしばむ二つの変化……136
一難去ってまた一難……139
光る青信号と灯った黄信号……142
残された時間を大切に……145
変わらない幸せの総量……149
どこまでも寄り添い救う……152
ふたたび出会う世界があるから……156
追悼文―本多昭人先輩に謹んで申し上げます……末本　弘然……160

挿画・装画／徂徠　匡男

第一章　生きるために苦しむ

突きつけられた現実

2015年4月

私ががんの再発を知ったのは、今から二年前の四月十八日のことでした。

その日、出雲《いずも》市の島根大学医学部附属病院で、担当の医師が、「両肺など三カ所にがんが転移していますす。手術はできないので抗がん剤で治療しましょう」と告げたのです。この言葉に、私はただ呆然《ぼうぜん》とするばかりでした。

入院手続きをした後、看護師さんのカウンセリングを受けましたが、私は彼女のひと言ひと言に全神経を集中しました。それは、〝この先、何年、生きられるか〟という重要な情報を知りたかったからに他なりません。

彼女は、「お寺さんなら普段から死と向き合っておられますよね」、「帰りの運転は気をつけてください。ショックで運転を誤り、救急外来へ帰って来た人もいますから」、「臓器提供も考えてくださいね」といいました。

「余命は〇年」と口にしないものの、今の私は死と無関係でないという当たり前のことを、彼女は、これらのやや厳しい言葉で教えてくれたのです。

仏教では、〝生死《しょうじ》一如《いちにょ》〟すなわち、「死は生とともに、今ここにある」と説きます。世の中は無常であり、皆が死と背中合わせの今を生きています。なのに、「死ぬのはまだまだ先のこと」と、漫然《まんぜん》と構えている自分にそのとき、気づいたのでした。

そして病院からの帰り道……。車を運転しながら、私は奇妙な感覚に襲われました。目に映るもの全てが、なぜかまぶしく光り、輝いて見えたのです。それは自坊※に帰ってからも続きました。

夕方になって、本堂の縁側から境内の木々や鐘楼《しょうろう》などを眺めたとき、ふと思ったのは、「これは〝輝く今を生きよ〟というメッセージではないか？」ということでした。

がんの再発を知らされたその日から、ひと息ひと息のいのちと向き合う日々が始まりました。それはそのまま、いのちの極みにある私を今すぐお救いくださる、阿弥陀さまの尊いはたらきに気づかせていただく日々……でもあります。

抗がん剤治療の苦しみを縁としてお念仏を味わう生活が、このようにしてスタートしたのです。

※**自坊**　住職をつとめるお寺など、その僧侶が所属するお寺をいう

「終活」を全うする中で

2015年5月

がんの再発を告げられた私は、覚悟を決めました。その当時「終活《しゅうかつ》」という言葉が流行《はや》り始めていましたが、まさに〝いのちの極み〟に身を置く私の前に、人生の仕舞い支度《じたく》という意味での「終活」が迫ってきたのです。

私はその頃、※教区《きょうく》や※組《そ》のいくつかの役職に就いていました。しかし三週間ごとに繰り返される抗がん剤治療の副作用を考えると、とても責任を全《まっと》うできそうにありません。五年前の大腸がん手術後の治療で、副作用のつらさを知っていましたから、私はすべての役職から身を引きました。

また、がんが再発した一昨年は二度入院したのですが、敢えて個室に入り、ひたすら原稿を書き続けました。自分が生きてきた軌跡をまとめようと思ったからです。

退院後も原稿を書き続け、昨年の春に『燈炬～法語を聞く』と『燈炬二～法に生きる』を自費出版しました。前者には、新聞や雑誌に掲載された法話や手記を収録。後者では、抗がん剤治療の苦しみの中で阿弥陀さまの教えを味わうとともに、半生を回顧。また自坊の※教化《きょうか》活動の記録も収めました。

以前、※壮年会の研修会に招かれたとき、「壮年は喪年《そうねん》に通じる」と話したことがあります。「老いの三失」という言葉がありますが、人生の深まりの中で私たちは健康や仕事、そして大切な人を失わねばなりません。生きるとは、喪失の苦悩を抱え込むことでもあります。

喪失の極みは、やがて自分そのものが失われてしまう、ということではないでしょうか。その不安に突き落とされ、絶望する人間に、阿弥陀さまは、「そのままで、かならず救う。安心せよ」と、はたらいてくださいます。

娑婆《しゃば》の縁尽《えんつ》きて、ちからなくしてをはるときに、かの土《ど》へはまゐるべきなり。

（『歎異抄』第九条、『註釈版聖典』八三七頁）

と親鸞聖人はおっしゃいましたが、死を前にした人間は力なく、声も出ず、手足も動きません。しかし、そんな状態にある者を救おうと、阿弥陀さまの方から、「そのままでいいよ」と動き出してくださいました。

そのはたらきが「南無阿弥陀仏《なもあみだぶつ》」となって、私に届いているのです。

※教区・組　浄土真宗本願寺派の地方組織。全国を三十一の教区と一つの宗務特別区に分け、さらに教区は地域ごとの五二二組に分かれる（二〇一九年現在）

※教化　人々に浄土真宗のみ教えを伝え広めること

※仏教壮年会　壮年層の門信徒を中心に結成された団体で、親鸞聖人のみ教えを聞き伝えていくことを目的とする

生きるために苦しむ現実

2015年6月

ご承知のように、抗がん剤には多くの種類があります。私に投与されている抗がん剤は〝分子標的薬《ぶんしひょうてきやく》〟といわれるもので、簡単にいえば、増殖しようとするがん細胞の血管を標的に据えてピンポイントで攻撃し、がんを弱体化させるという優れた薬です。

三週間ごとに、血液検査と診察を済ませた後、化学療法室のベッドで横になり、右胸に埋めた点滴用のポートに針を突き刺して治療が始まります。およそ三時間半かけて六種類の薬が私の全身に流れると、やがてさまざまな副作用が出てきます。

副作用の主な症状は顔面紅潮と顔のむくみ、吐き気、便秘（以上の症状は四、五日続く）、発声障害（僧侶には致命的！　二週間ほど続く）、体の痺《しび》れ、脱力感・倦《けん》怠感《たいかん》（十日以上続く）、血圧と血糖値の上昇などで、これらの症状は順次、複合的に現れてきます。

副作用を抑える薬にも副作用がある（たとえば吐き気止めは便秘を誘発。副作用を緩和《かんわ》する薬は血糖値を上げる。だから、さらに薬が必要）ので実に厄介《やっかい》。二週間経った頃、やっと副作用は和らいできます。

〝分子標的薬〟の効果で、今までがんにさしたる変化はありませんでした。しかし、その薬を継続使用して二年……。昨年の秋以降、腫瘍《しゅよう》マーカーの数値が上がり続けているので、四月にCT検査をしたところ、がんそのものが大きくなっていることがわかりました。場合によっては治療法を変えなければならない、と医師はいいます。

普通なら薬を飲めば楽になるのに、抗がん剤の場合はさまざまな副作用があって、つらさばかりがどんどん嵩《かさ》んでいきます。生きるために苦しむ……これが病苦の現実です。

老苦《ろうく》、病苦《びょうく》、死苦《しく》など、人生にはさまざまな苦悩がありますが、私には残念ながら苦しみをゼロに

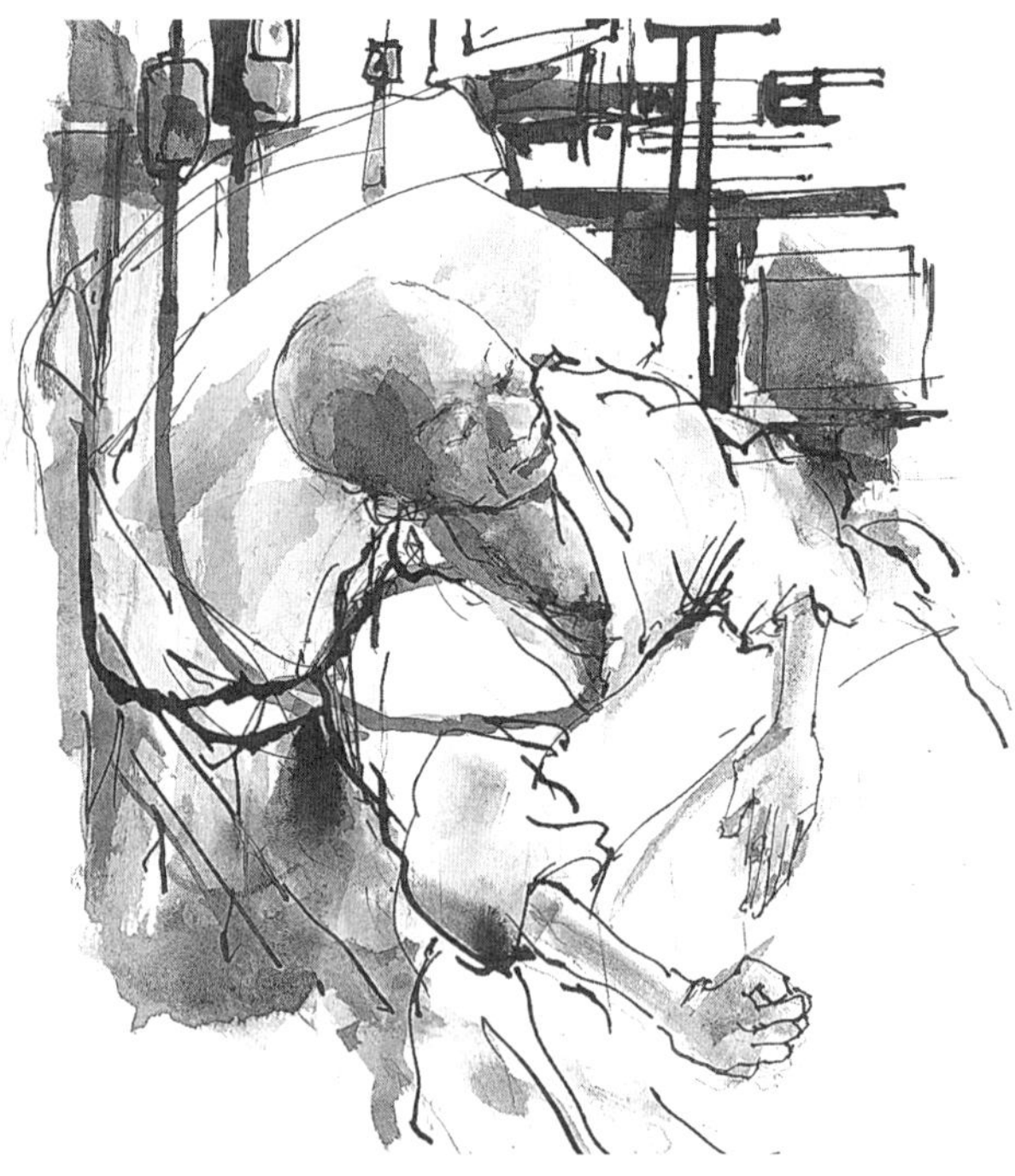

する力などありません。しかし、それらの苦悩をのり超えさせてくださるのが阿弥陀さまです。

病の苦しみを仏縁と受け止め、阿弥陀さまのお慈悲を悦びながらお念仏申す日々……。わが心は今日も穏やかです。

苦の中で味わう喜びと気づき

2015年7月

抗がん剤治療は三週間ごとに繰り返されますが、三週間のうち十日から二週間は、副作用に苦しむ生活が続きます。だからといって、苦しみばかりではありません。まさに人生は、悲喜こもごも……。こんな生活の中にも朗報が届き、喜びに包まれることがあります。二月の末に届いた、初孫誕生の知らせもその一つでした。

宇都宮《うつのみや》に住む長女夫婦に、初めて女の子が誕生したのです。「おじいちゃん」になった実感はありませんが、初孫の誕生は、心の底から喜びが湧き出てくる感じでした。

しかし、その子が生まれるまでに、数々の心配がありました。というのは、陣痛が途中で消えてしまったり、促進剤を使用したものの、何時間たっても生まれる気配がなかったり……いろんなトラブルがあったからです。

ヘソの緒《お》が足首に巻きついたのが、トラブ

ルの原因でした。やがて心拍が弱くなったので、直ちにお腹を切開し、無事にこの世に誕生することができたのですが、医療技術が進歩した今の時代でも、出産にはさまざまなリスクがあることを教えられました。

このとき、私は※妙好人《みょうこうにん》・善太郎さん（浜田市下有福《しもありふく》。一七八二―一八五六）の次の言葉を思い出したのです。

「阿弥陀如来のおんぶし来て、この世に生まれさして下された」

当然のことながら、昔は出産のリスクが大きく、死産もしくは産後亡くなる子が大勢いました。実は、善太郎さん自身も四人のお子さんを相次いで亡くしています。

そのような体験を通して善太郎さんは、〝多くの危険をのり超えてこの世に生まれたのは、阿弥陀さまのおかげであり、それはあたかも阿弥陀さまにおんぶされ、護られて生まれたようなものだ〟と喜んだのでした。さらにいえば、この世に人間として生まれたことも、善太郎さんには大きな喜びでした。なぜなら仏法に遇《あ》うことができるのは、人間だけですから……。

副作用の最中に届いた初孫誕生の知らせは、この世に生まれることの尊さと、そして私を生かしてくださる阿弥陀さまのはたらきを、改めて教えてくれたのでした。

※妙好人　篤信の念仏者を称えた言葉

兄の死が伝える人生の終着駅

2015年9月

出会いがあれば、必ず別れがある……。かなしいことですが、これが無常の世界の、ありのままの姿です。

実は今年の四月、京都に住んでいる兄が亡くなりました。

兄は長男でしたから、お寺の跡取りとして大事に育てられました。しかし、私が高校生のときのこと、「大学を出たら会社を立ち上げる。だからお寺は、おまえが継いでくれ」と、寺院後継の道を放棄したのです。

その言葉通り、兄はアパレル関係の会社を創設しました。毎日がむしゃらに働き、取引の関係で何度も海外に足を運びました。しかし無理を重ねたため、六十歳にして肺がんを発症。以来、さまざまな治療を試みたものの、がんは数カ所に転移し、悪化していきました。

そして治療の方法がなくなった三月下旬、当初からお世話になっている京都府立医科大学附属病院の中にある緩和ケア病棟に移り、わずか半月後にいのちを終えたのです。

医師から、「一カ月持たないでしょう」と告知されたとき、兄はすべてを受け入れて、「ありがとう」を口にし続けました。病苦の中、阿弥陀さまの大悲に抱かれているかのように、穏やかに最期を迎えたのでした。

葬儀のあいさつで、喪主のおいっ子がいいました。「父は島根のお寺に生まれ、南無阿弥陀仏の中で育ちました。志を持っていたのでお寺を継ぎませんでしたが、父は再び南無阿弥陀仏に帰っていきました。お浄土という、再び出会う世界に往《い》ってくれたことを、私はうれしく思います」と。

「往生とは〝超えて生きる〟こと」とは真宗大谷派学僧曽《そ》我《が》量《りょう》深《じん》師の言葉ですが、私たちはお念仏によって、現実のさまざまな苦悩を超えて生きることができます。そして、いのち終われば阿弥陀さまのおはたらきによって、直ちにお浄土に生まれさせていただくのです。そのことがすでに約束されているのですから、これほど確かな生き方はありません。

私たちに〝お念仏の救いの確かさ〟を伝えて、兄は先立ったのでした。

むしばむ病魔しぶといアイツ

2015年10月

がんが再発しておおよそ三年になります。その間、分子標的薬といわれる抗がん剤の攻撃に曝《さら》され続けた私のがんですが、腫瘍《しゅよう》は消えもせず、弱体化することもなく、いつしか腹膜《ふくまく》に転移してしまいました。

それを知ったのは、六月十一日でした。その日、主治医は、CT検査の画像をモニターに映し出しました。肺とリンパ節のがんは以前と変わらなかったのですが、腹部の画像を見て、私は大きな衝撃を受けました。なぜなら、本来は黒く映るべき部分がグレー一色だったからです。

「このグレーの部分は腹水《ふくすい》です」。こう説明した後、医師はパソコンのカーソルを腹膜へと移しました。するとその周辺に、白く光る円がいくつも現れたのです。「この光っている円形の部分が播種《はしゅ》です」と、彼は付け加えました。「腹水と播種。このただならぬ病状は、まちがいなく今の私の身に起きていることなのだ」……。私は愕然《がくぜん》としました。

播種は米粒状の腫瘍のことで、まるで無数の米をちりばめたかのように、私の腹部一帯にがんが広がったのです。実はそれが原因となって、腹水が溜《た》まり始めたのでした。昨年の秋以降、腫瘍マーカーの数値が上がり続けたのは、このためです。

播種は手術ができません。抗がん剤で治療する以外ないのですが、今まで使い続けた点滴薬は、もう使用できないとのこと。「これからは、昨年認可されたロンサーフという薬を使います」。医師の言葉を聞きながら、私は自分のがん治療が、新たなステージに入ったことをさとりました。

腫瘍マーカーの数値はその後も上がり続け、六月が〝九一〟、七月は驚くことに〝四〇七〟に急上昇しました。数値が上がる原因はがんの増殖、成長しか考えられません。その原因を突き止めるため、実は八月六日に、またまたCT検査をしたところです。「検査結果を説明する日には、夫婦でいっしょにおいでください」という医師の言葉が、重く響いてきました。

それにしても、現代医学の最先端ともいうべき治療薬の攻撃に耐えたがんのしぶとさ……。「さすがだね。私のがん！」と、皮肉をこめて褒《ほ》めてやりたい気分になりました。

住職三十年〝最後〟の大事業

2015年11月

近年、私のお寺では強風が吹けば本堂の瓦が落ち、雨がふれば天井裏で雨漏りの音がしていました。本堂の瓦は製造から八十年以上が経ち、場所によってはぺんぺん草が生える始末。一昨年、専門業者に検査を依頼した結果、早急に修復する必要があるとの診断が下ったのでした。

昨年九月から工事が始まり、屋根瓦の工事はもちろんのこと、壁板の全面改修や本堂内部の改修も併せて行い、今年の春にほぼ完了。そして十一月一日に、工事の完成を祝う落成《らくせい》慶讃法要《きょうさんほうよう》をお勤めします。

この法要では、かわいい衣装を身にまとった約二十人のお稚児《ちご》さんと、※七条《しちじょう》袈裟《げさ》着用の十数人の僧侶が、雅楽《ががく》の演奏とともに境内を行進して法要を彩ってくれます。

抗がん剤治療をしながら工事に臨むのはたいへんでしたが、今回の事業には

ことさら力が入りました。理由は二つあります。一番目の理由は、本堂は阿弥陀さまの教えを伝え広める大切な教化の拠点だからです。

司馬遼太郎《しばりょうたろう》さんは、本堂の屋根が高く建てられていることについて、「人生の問題を解決する真実の教えが、そこにあることを知らせるため」とお話しくださいました。

本堂の中央には阿弥陀さまがお立ちになっており、本堂にお参りすれば、人生の四苦八苦を解決する教えに遇うことができます。だから、どこからでも見えるように、本堂の棟《むね》は高くしてあるというのです。その本堂の屋根を改修するのですから、力が入らないわけがありません。

二番目の理由は、住職として多分〝今回が最後〟の大事業になるだろう、ということです。そして今年は、住職就任からちょうど三十年……。息切れしそうな状態でも、就任三十年の節目を迎えることができたことから、個人的に〝※折り障子〟と〝※打敷《うちしき》〟を新調し、本堂を※荘厳《しょうごん》させていただきました。

今は法要に向けて、ひたすら準備の日々です。

※七条袈裟　特別な法要や大きな葬儀などの礼装で用いられる袈裟

※折り障子　本堂の内陣にある障子。折れ扉のように使う。巻き障子ともいわれる

※打敷　法要や儀式で供物を供える際に用い、卓に敷き掛ける織物

※荘厳　仏や浄土を彷彿とさせるために、うるわしく飾り付けること。またはその飾り

苦悩の隣り合わせにあるお慈悲

２０１５年12月

カレンダーが、残り一枚になりました。早くも十二月……。毎年この時期になると、一年を振り返ることになるのですが、今年は、本願寺津村別院発行の「御堂さん」への連載が、私にとって大きな出来事の一つになりました。

連載は四月から始まりましたが、八月号が出た直後のこと、何人もの方から電話がかかってきたのです。いわく、「八月号にあなたの原稿が載っていなかったものですから、どうなさったんだろうかと……」。

「八月号はお盆特集号で、私の連載はお休みだったんです」とお伝えしたら、安心してくださいました。皆さん、私に何かあったのではと気にかけてくださったのですね。

連載の反響は大きくて、いろんな方から手紙や電話をいただきました。また、わざわざ訪ねてくる方もいらっしゃいました。

本堂の横にある談話室で語らうのですが、どの方の言葉からも、家族や友人の病の苦しみ、身近な方の自死、老いの問題など、人生の苦悩が垣間《かいま》見えてきたのです。苦悩とは、私たちの普段の生活の中にあることを、思い知らされるひとときでした。と同時に、苦悩の真っ只中で阿弥陀さまのお慈悲を喜び、ともにお念仏を申せることが尊い、ということにも気づかせていただきました。

同誌の「子育て相談室」をご執筆の外松太恵子《そとまつたえこ》先生が、十数年前、ある研修会で、「慈悲とは、優しさのことです。優しいという漢字は、憂いの傍《そば》に人が寄り添っています。阿弥陀さまは、私たちの憂いの心に常に寄り添ってくださいます」（趣意）と、お話しくださったことが思い出されます。

阿弥陀さまのお慈悲の心は、〝同体《どうたい》の大悲《だいひ》〟（『註釈版聖典』二二〇頁）ともいわれ、苦悩する衆生※と常に一体です。いい方を変えれば、阿弥陀さまは、衆生、すなわち私の苦悩のど真ん中に、「南無阿弥陀仏」となって飛び込んでくださっているのです。

病苦を縁として、たくさんの善《よ》き出会いをさせていただいた一年でした。今年も残り少なくなりましたが、一枚となったカレンダーの下には、すでに来年のカレンダーが用意されています。

阿弥陀さまのお慈悲とともに、優しい時間は澱《よど》みなく続いていくのです。

※衆生　生きとし生けるもの

一粒の効用と阿弥陀さま

2016年2月

親鸞聖人は、『※教行信証《きょうぎょうしんしょう》』の行巻《ぎょうかん》に、

還丹《かんたん》の一粒《いちりゅう》は鉄《くろがね》を変《へん》じて金《こがね》と成《な》す。

（『註釈版聖典』一九九頁）

という言葉を引用なさっています。「還丹」とは錬金術《れんきんじゅつ》で使う薬品のことで、この薬を使えば、ただの鉄が一瞬にして金に変わるというのです。そんな薬があれば、少々高くても手に入れたいですね。

さて、昨年七月にがんが腹膜に転移し、腹水が溜まり始めたとき、腫瘍マーカーの数値が〝四〇七〟まで上昇したことに以前、触れました。それは二年間使用し続けた点滴薬（分子標的薬）が効かなくなったからで、医師はすぐさま、新薬ロンサーフの使用を決めたのです。

ロンサーフという薬は、標準的な化学療法では効果がみられなくなった再発がんのＤＮＡ（遺伝子）に作用して免疫力を高め、がんの成長を抑制する〝最後の砦《とりで》〟的な薬です。

私たちは、抗がん剤でがんが消え、元の健康体に戻ることを期待してしまいます。しかし、今の私でいえば、がんが完治することは、もはやあり得ません。しかし、そのような状態にあっても、ロンサーフでがんの活動を抑制し、延命できるようになったのです。

「還丹の一粒」のような絶大な効果ではありませんが、ロンサーフを使用した後の腫瘍マーカーの数値は、九月〝三六八〟、十月〝二七一〟、十一月〝一七六〟と確実に減少しています。しかし腫瘍マーカーの基準値は、〝五〟ですから、まだまだ紆余曲折《うよきょくせつ》があることは、覚悟しておかないといけません。

数値の減少以上にうれしいのは、ロンサーフの副作用は軽く、あれほど私を苦しめた体の痺れ、発声障害、倦怠感、顔のむくみ、嘔吐感《おうとかん》などが、かなり軽減されました。ですからお参りや教化活動も、ほぼ支障なく行えています。

親鸞聖人は、「還丹の一粒」を、実はお名号「南無阿弥陀仏」のはたらきに譬《たと》えて引用なさいました。

腫瘍マーカーの数値に一喜一憂し、健康体に戻ることを願うその一方で、完治不能の現実に悲しむ……。そんな〝鉄色《くろがねいろ》〟の不安や絶望感の一切を丸抱えし、「そのまま救う、まかせよ」とはたらいてくださる阿弥陀さまは、私たちのいのちを病苦のままで、〝金色《こんじき》〟に変えてくださるのです。

※『**教行信証**』『顕浄土真実教行証文類』。親鸞聖人の主著。浄土真宗の根本聖典で、ご本典ともいう

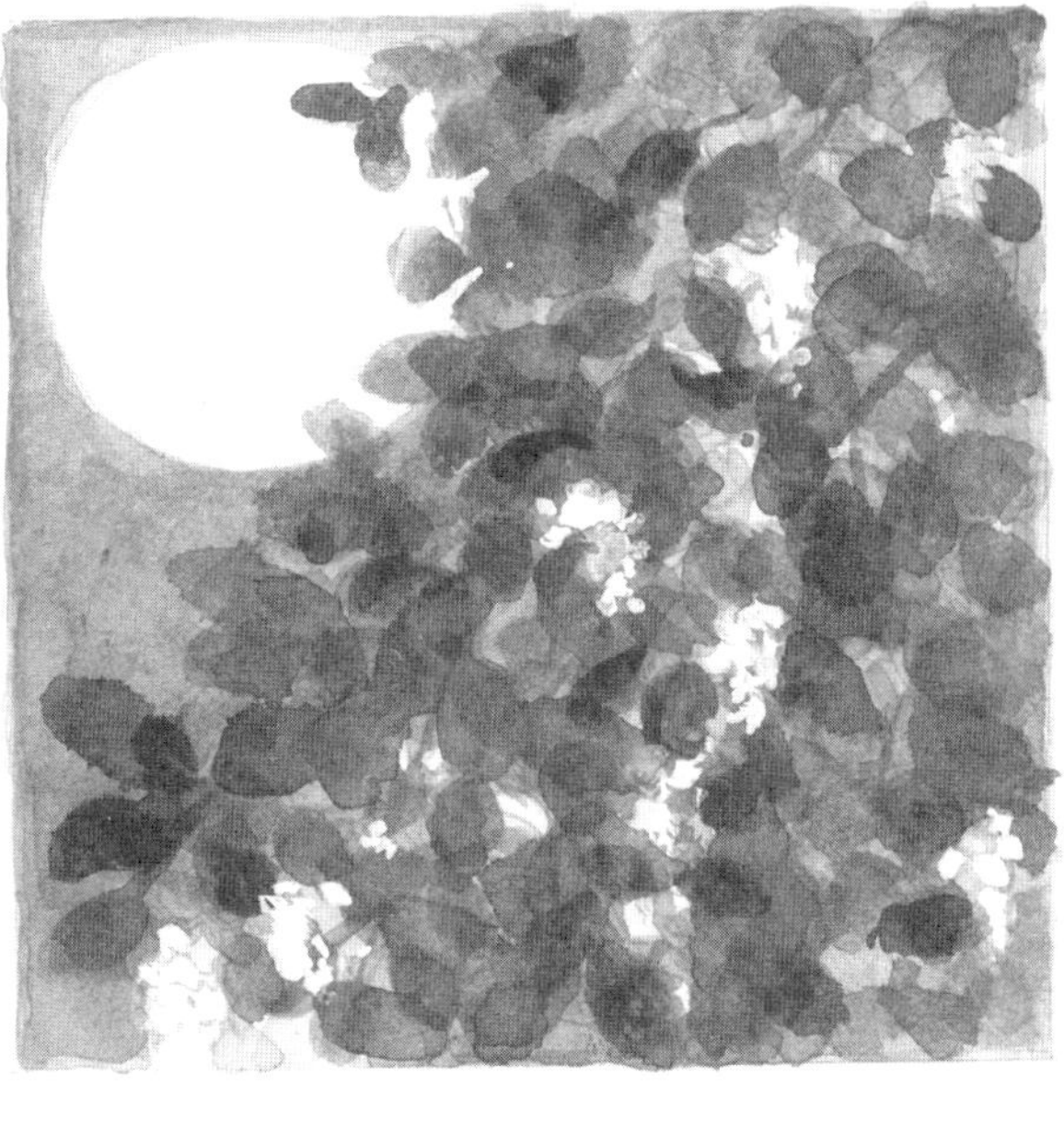

苦しみがあったから

2016年3月

全国のがん患者の治療内容や経過などの情報を国が一元管理する「がん登録制度」が、今年一月からスタートしました。がん患者である私のデータも、おそらく国の管理下に置かれたことでしょう。そのデータは、今後のがん治療の向上に役立てられるということですから、大いに活用していただきたいものです。

ところで、新薬・ロンサーフを処方されて以来、腫瘍マーカーの数値が下がり続けていることは、すでに書きました。今回の薬は副作用も軽いので、不快感や苦痛とはほとんど無縁の、〝普通の日々〟を過ごしています。ですから、うっかりすると、自分ががん患者であることさえ忘れてしまうほどです。

最近、ある人に「点滴薬を使っていた二年間のあの苦しみは、一体何だったのかと思います」と話したところ、「その苦しみがあったからこそ、〝今〟があるのではないですか」との答えが返ってきました。二年間のあの苦しみは、決して無駄ではない——

との言葉に、私は自分の軽率を恥じました。

抗がん剤治療に限りませんが、肉体的・精神的苦痛の軽減は、病気を抱える人の生活の質（クオリティ・オブ・ライフ）を高める重要な要素です。副作用の苦しみに耐えられず、中途で治療を止めた人は少なくありません。それぐらい抗がん剤治療はつらくて苦しいのです。

副作用がひどいときなど、「生きるために苦しまねばならないなんて、もう限界だ。抗がん剤など止めてしまいたい」と、私も何度思ったことでしょう。しかしそのつど妻は、弱音を吐く私の言葉に頷《うなず》きながら、「治療を止めたら元も子もないですよ。今まであれだけ頑張っていらしたのに――」と、背中を押してくれたのでした。

抗がん剤治療の苦しみを乗り越えられたのは、直接的には薬の効果でしょうが、家族や周囲の人々の支えと願いがあったからで、まさに〝おかげさま〟というしかありません。

肺と大動脈リンパ節、そして腹膜にがんを抱えながら、〝普通の日々〟を過ごしている――。それは普通に仕事ができることを意味します。私は今、そのありがたさを噛みしめています。

第二章　絶望を生きる喜びに

支えてくれる仲間がいて

2016年4月

　三月の血液検査で出た腫瘍マーカーの数値は〝一二四〟で、前回から三ポイント減少しました。減少幅はうんと小さくなりましたが、減っていることは事実！　最新のＣＴ検査の結果でも、がんが悪化している様子はありません。

　このところ副作用も軽くなり、自分ががん患者であることを忘れるほどです。しかし、現実には両方の肺と大動脈リンパ節、腹膜にがんが巣食っており、いつ病状が悪化するか、予測ができません。

　今度また、がんが息をふき返し、病床に臥《ふ》すようなことになったとき、※法務《ほうむ》や教化活動は一体どうなるのだろうか……と考えてしまいます。教化活動ができない事態だけは、住職として絶対に避けたいのです。

ところで私は、二十数年前に〝教化推進委員会《きょうかすいしんいいんかい》〟という組織をつくり、教化活動に力を傾注《けいちゅう》しました。この会の構成メンバーは、総代《そうだい》全員、護持会の正副会長、門徒推進員《もんとすいしんいん》全員、壮年会・婦人会の三役、住職・副住職・坊守等で、それぞれ立場は異なりますが、全員に共通する教化の問題について話し合い、改革と改善に努めました。

その取り組みによって、法座にお参りする人が目に見えて増えましたし、子ども会やコンサート、『歎異抄』※や「正信偈」※の輪読会など、多彩な活動が展開できたのです。

しかし、抗がん剤治療をするようになってから、少しずつ活動が停滞し始めました。今までできたことが、できなくなる悔しさを何回も体験し、私は落ち込みました。

そのような中で、お寺の活動を支えてくれたのは、教化推進委員会でした。教化に理解ある門徒さんが、進んでお寺の活動に関わってくださり、〝花まつり子ども大会〟や〝夏休みの寺子屋〟〝大晦日《おおみそか》もちつき大会〟などの行事を、継続して開催することができたのです。

そしてつい五日前には、同じく教化推進委員会の皆さんの協力で、仏教婦人会※主催の〝琴の演奏会〟が行われ、本堂は大勢の人で賑わいました。たとえ住職が病気になったとしても、お寺の活動を主体的に担ってくれる人々がいる……。そのことを心からうれしく思ったのでした。

※法務　み教えを伝えるための職務。ここではご門徒宅へのお参りなど
※仏教婦人会　女性の門信徒を中心に、浄土真宗のみ教えをよろこび、依りどころとして活動する教化団体

※歎異抄　親鸞聖人の言行録として知られる。聖人の門弟唯円著と考えられている

※正信偈　「正信念仏偈」の略。親鸞聖人著であり、『教行信証』の「行巻」末尾にある七言一句、百二十句の偈（うた）。日常のお勤めで用いられる

苦悩の中に届く希望とよび声

2016年5月

二人のうち一人ががんになる時代だからでしょうか、新聞でがんに関する記事を多く見るようになりました。最近では、がん患者の〝十年生存率〟と〝就労（職場復帰）〟の見出しが印象に残っています。医療が進歩したことで、がんが〝死に直結する病〟ではなくなりつつあることが背景にあります。

私を例にいいますと、今月の腫瘍マーカーの数値は〝八六〟で、前回から四十ポイントも減少しました。またCT検査の画像でも、体内の三カ所にある腫瘍の大きさに変化はなく、新薬ロンサーフの効果で、今もがんの活動と成長が抑えられています。

それに付随して、体調も安定しており、以前のように寝込むことなどありません。先日お参りしたご法事でも、ある方が、「体調が良いからか、お経の声の響きが違いますね」といってくださいました。一時は覚悟を決めたのに、この様子だと〝十年生存〟も決して不可能ではないな〜、と思ったりします。

体調が良くなって喜ぶ一方で、たまに落ち込むこともあります。それは三年前、がんが再発したときに、「副作用を抱えた状態では、とても責任は果たせない」と、すべての役職を辞め、外部との繋《つな》がりを断《た》ったことに起因しています。その結果、当然のことながら人とつき合う機会が少なくなり、私という存在が、忘れられていくような寂しさを味わいました。

東日本大震災から五年が過ぎましたが、地震発生から三カ月後の新聞に載った臨済宗僧侶・高橋卓志師の言葉を思い出します。それは、「絶望の中にも、必ず希望がある」という言葉です。壊滅状態となった被災地で、世界中から寄せられる願いと支援を受けて人々は力強く立ち上がり、復興へと歩み出しました。その姿を高橋師は、このように表現されたのです。

悲しみや絶望に寄り添う優しさに出会ったとき、私たちは前を向くことができます。それと同じように、老・病・死の苦悩の中に届く、「安心せよ、まかせよ、必ず救う」という喚《よ》び声に込められた阿弥陀さまの願いに気づくとき、悲しみや絶望が、生きる喜びに転ぜられるのです。

南無阿弥陀仏は、私を生かす、大いなる力です。

再会の笑顔につながる喜び

2016年6月

読者の皆さんにご報告したいことがあります。実は先日、思い切って山陰教区布教団の総会に出席しました。

この種の会合に出るのは三年ぶりのこと！　私を見るなり、皆さんは驚いた表情をなさり、〝再起〟を歓迎するかのようにニッコリ笑ってくれました。中には、席を立って駆け寄り握手くださる人も、数人おられたのです。私自身、よもや再び教区の会合に出席できるようになるとは、思いもしませんでした。

S状結腸がんの宣告から六年……。思い返しますと、最初の手術で腫瘍と三つのリンパ節を取り除き、点滴薬による抗がん剤治療を半年続けたのですが、二年後に両方の肺と大動脈リンパ節に転移したため、無期限の抗がん剤治療に入りました。

三週間ごとに投与される分子標的薬の副作用は激しくて、私はさまざまな症状に悩まされ、途中で治療を止めてしまいたいと何度も思いました。それほどつらい治療を続けたのに、昨年はとうとう腹膜にがんが転移したのです。

それは〝播種〟と称される、無数の米粒を撒《ま》き散らしたような形状のがんで、手術は不可能。その上、腹水が溜まって全身がむくみ、体重は約十キロ、ウエストは八センチ増え、服のサイズが合わなくなって困ったこともありました。

そのような経過をたどって、昨年七月から現在の薬〝ロンサーフ〟が処方されました。この薬は副作用がほとんどなく、生活や仕事も問題なくできるようになったので、ついに今回、教区の会合に出席する決心をしたのです。

実は三年前にがんが転移した際、あらゆる役職を退いて外部との繋がりを断ちましたが、その決断は正しかったのだろうか、との思いがありました。「病みながらでも、責務を果たすべきではないか」とも考えたからです。しかし、副作用のつらさが、それを許しませんでした。

現在、がん患者の就労、職場復帰が社会的な関心事となっていますが、雇用する側、迎える側によほどの理解がないと、良い関係を築くことはできません。

三年ぶりに顔を出した私を笑顔で迎えてくれたことに感謝するとともに、人とつながる喜びを再認識した一日でした。

欄間《らんま》に隠された秘密の心

2016年7月

群馬県草津町のある女性が、はるばる車で私のお寺にお参りされました。その方は本堂に参拝された際、内陣《ないじん》のお荘厳をゆっくりとご覧になり、続いて外《げ》陣《じん》の様子をぐるりと見渡して、こうおっしゃったのです。「こちらの欄間《らんま》も同じですね」と。

私が怪訝《けげん》そうにしていると、「欄間に蓮の花が彫刻されていますが、いくつかある花の一つだけが、逆さを向いているじゃないですか。それが私のお寺の欄間と同じなんですよ」とつけ足されたのです。

六十五歳になって初めて知った欄間の秘密です。私は欄間を食い入るように見ました。たしかに、蓮の花が一つだけ、逆さ向きに彫ってあります。それはなぜなのか？　しばらく考えていたら、その方が言葉を継ぎました。

「一つだけ、逆さ向きの蓮の花を彫ることで、何ごとにも完全はない、ということを表現している……と聞いています。しかし、不完全なものでも、阿弥陀さまは間違いなくお救いくださいます。つまり、逆さ向きの蓮の花は、阿弥陀さまのご本願の心をも、表しているのですね」

彼女の話を聞きながら、私は、「阿弥陀さまのご本願の心が、欄間にも施されているのか」と、正直驚きました。

阿弥陀さまのご本願の心を、ひと言で表せば、「一切衆生・摂取不捨《せっしゅふしゃ》」、つまり、「一切の衆生を、摂《すく》い取って捨てない」ことであるといわれます。「一切」という言葉には、例外や差別がありません。もしも例外や差別があれば、「一切」にはならないのです。

「正信偈《しょうしんげ》」に、

凡聖《ぼんしょう》・逆謗《ぎゃくほう》斉《ひと》しく回入《えにゅう》すれば、衆水海《しゅすいうみ》に入《い》りて一味《いちみ》なるがごとし。（『註釈版聖典』二〇三頁）

と示されています。川の流れには長短、清濁などの違いがありますが、どんな川の水であろうとも、海に流れ着いたら同じ一味の海水になります。それと同じく、凡夫《ぼんぶ》であろうが聖者《しょうじゃ》であろうが、はたまた逆謗《※ぎゃくほう》の

者であろうが、阿弥陀さまは例外や差別なく、等しくお救いくださいます。

考えてみれば、そのようなご本願だからこそ、不完全なままで、この私も救われるのです。欄間の彫刻に教えられた私の救い。ありがたいご縁を喜んだ、夏のひとときでした。

※**逆謗**　五逆罪を犯す者と仏法を誹謗《ひぼう》する者。仏教でもっとも重いとされる罪の者をいう

そのままでいい安心感

２０１６年９月

病気の治療中には、しばしば予期しないことが起きるものです。

私が急に太りはじめたのは、昨年の春でした。四週間ごとに病院で計る体重が、毎回キロ単位で増え続けたのです。太る一方ですから、着るものが窮屈になり、体に合わなくなった衣類のほとんどを処分しました。

やがて、ＣＴ検査で太る原因がわかりました。がんが腹膜に転移して、全身に腹水が溜まっていたのです。いうなれば、私の体は腹水によって、〝水ぶくれ状態〟になったのでした。

そのときから腹水を抜く薬が処方され、みるみる体重が減少。ウエストも細くなって、一年経った今では、体重五十六キロ（ピーク時より十三キロ減）、ウエスト七十八センチ（同じく十二センチ減）になっています。

当然のことながら、またしても服のサイズが合わなくなり、今度はブカブカになった服を処分することに……。そのときに思ったのは、「サイズが合わなくなった洋服は処分したけれど、白衣《※はくえ》や布袍《※ふほう》は相変わらず着続けているなあ〜」ということでした。

洋服はサイズが固定されているので、体に合わなくなったら着ることができません。「その体形ではムリだから、新しい服を買いなさい。でなければ、ダイエットに励んで、これが着られるような体になりなさい」というのが洋服。しかし、白衣や布袍などの和服は、体形の変化に関係なく、私の体をこのまますっぽり包んでくれます。

「和服というのは、〝そのままの救い〟といわれる阿弥陀さまのはたらきに似ているかも……」と思いました。

阿弥陀さまは、老少善悪の人を選ばれません。ですから、老人は老人のままで、少年は少年のままで、そして病気の人は病気のままで、お救いくださいます。つまり、現在の私をこのままで、無条件に受け止めてくださるのが阿弥陀さまなのです。

毎日、薬で腹水を抜き続け、体重が減ってスリムになった私を見て、心配する方もいらっしゃいます。しかし、太ろうが痩《や》せようが、あるいは予期せぬ事態に見舞われて狼狽《うろた》えようが、常に私は阿弥陀さまの救いの〝ど真ん中〟にいるのです。

※白衣　白布で仕立てられた僧侶の衣服。衣や布袍の下に着用する

※布袍　浄土真宗本願寺派などで用いられる略式の法衣

いつかは不明な「最後まで」

2016年10月

「病み上がりの人をひっぱり出して……」とは、先の東京都知事選（二〇一六年七月）で、ある候補者が発した言葉です。この言葉に対して〝病み上がり〟の候補者は、「がん患者を差別するもの」と強く抗議しました。

私はそのニュースを見て、「この言葉の差別性は、がんになった人でないとわからないかも」と思いました。がん患者は働きたくても、副作用のせいで働くことができません。社会と関わりたくても、やはり副作用のために二の足を踏んでしまいます。抗がん剤治療の苦しさと同程度の〝精神的苦痛〟を抱えているのが、がん患者なのです。

それにしても、〝病み上がり〟の人は四度の手術を乗り越えて、よくぞ復帰なさったものです。あの激しい選挙を戦えるほどの気力と体力には、驚嘆するしかありません。

その方の場合、手術ができたのが良かったともいえます。がんの場所によっては、手術が不可能なことがあるからです。その場合は、つらい抗がん剤治療を、最後まで続けなければならないのです。

私の体に巣食っているがんも、手術が不可能です。リンパ節に転移したがんは、大動脈に近すぎて手術ができません。また、去年再発した腹膜《ふくまく》播種は、米粒を撒き散らした形状ゆえに手術が不可能です。だから私も、最後まで抗がん剤治療を続ける必要があります。

ところで、最後とは一体いつまでをいうのでしょうか？　それは何十年も先であってほしい……と私も思います。しかし、期待はいつも、現実によって覆《くつがえ》されます。

実は、先月のＣＴ検査と血液検査で、がんが息をふき返したことが判りました。今まで下がり続けていた腫瘍マーカーの数値が上昇に転じ、ＣＴ画像でも肺のがん、腹膜のがんともに大きくなっていたのです。

最近、目眩《めまい》や立ちくらみがしたり、下痢《げり》が続いたりしたのも、がんが優位に立ったからのようです。薬で抑えられていたがんが、薬への耐性を得て、再び活発に活動し始めたのです。

医師は私に、こういいました。「今の薬が効かなくなったようです。来月の検査次第では、別の薬に変えることになるかも知れません。今度の薬は副作用がかなり強いですよ」……。

生死《しょうじ》の苦海《くかい》を受け止める涙

2016年11月

最近の私は、憂鬱《ゆううつ》な時間を過ごすことが多くなりました。それは前回の診察時に、「抗がん剤を変更するかも知れない」と医師にいわれたことに起因しています。腫瘍マーカーの数値が上昇し、CT画像で腫瘍の影が以前よりも大きくなっていたことから、薬の変更が持ち出されたのです。

抗がん剤を変えることについて、医師は「スチバーガという薬にしましょう。ただし、副作用がかなりキツイですよ」といいました。私は家に帰って、すぐにネットで副作用を調べました。すると、スチバーガの副作用には、手足症候群、発疹《はっしん》、高血圧、発声障害、食欲減退、あるいは肝機能障害、大腸・脳出血、消化管穿孔《しょうかかんせんこう》などがある、と書かれていたのです。見なければよかったと後悔しましたが、後の祭りです。

「副作用に苦しむ毎日が、また始まるのか。これこそ、〝生死《しょうじ》の苦海《くかい》〟ではないか」と、私はため息をつきました。

鬱々《うつうつ》とした気分で本堂にお参りしたとき、私はふと、幼かった頃の息子の言葉を思い出しました。それは、今から

二十数年前……。幼い息子は、本堂の阿弥陀さまを見ながら小さな声で、「なみだちゃま」といったのです。それを聞いた私は、愚かにも、すぐに「なみだちゃまではないよ、アミダサマだよ。さあ、いってごらん」と、間違いを正そうとしたのでした。

しかし、それから何日かして、今度は学生のころに聞いた、ある先生の話を思い出しました。その先生は、「阿弥陀さまはね、まぶたを閉じるとポトリと大粒の涙が落ちる眼で、私たちをご覧くださっているのですよ」と話されたのです。

阿弥陀さまの涙。それは、〝生死の苦海〟に生きる衆生の悲しみや苦しみを、自らのこととして受け止め、お救いくださるお慈悲の涙です。副作用の苦しみに怯《おび》えて生きるこの私も、阿弥陀さまのお慈悲のはたらきで、苦しみの海を乗り越えさせていただくのです。

抗がん剤の変更を含め、今後の治療がどうなるかは近々決まります。私は念仏申しつつ、治療に身をゆだねるだけです。

いのちの真実を見つめて

2016年12月

がんと共に歩み続けた一年が終わろうとしています。

考えてみれば、私の生活は長年がんを軸として回っていました。三、四週間ごとの定期検査、二週間ごとの抗がん剤投与……。これが、丸六年続いている私の生活の基本パターンです。副作用による体調の変化で多少の制約を受けながらも、この一年入院などせずに、住職の仕事をやり抜くことができたのは、何よりありがたいことでした。

去年から下がり続けてきた腫瘍マーカーの数値が、最近になって上昇したことで、一時は不安な思いに突き落とされました。その後の検査で若干数値が下がりましたから、今は不安から解放されています。
それは一つの分岐点でした。もしも数値が上がり続けていたら、抗がん剤が変わっていたはずで、医師は、「今度の薬は副作用が強いですよ」といっていました。薬が変わって副作用に苦しみながら生きるつらさを、二度と味わいたくないというのが、私の本音です。
とはいえ、がんがいつ薬への耐性を手に入れて、逆襲に転じるか知れません。ですから、私たちは、一歩も、〝生死の苦海〟から抜け出すことができないのです。それは、がんがあろうがなかろうが関係ない、〝生死《しょうじ》一如《いちにょ》〟の世界に生きる、すべてのいのちの真実なのです。

しかれば、大悲《だいひ》の願船《がんせん》に乗《じょう》じて光明《こうみょう》の広海《こうかい》に浮《うか》びぬれば、至徳《しとく》の風静《かぜしず》かに衆禍《しゅか》の波転《なみてん》ず。

（『註釈版聖典』一八九頁）

『教行信証』行巻にあるこの美しいフレーズが、繰り返し耳の底に聞こえてきます。

阿弥陀さまの大悲の船に乗り、光り輝くご本願の大海原に身を浮かべると、この上ない功徳の風が静かに私を包み、あらゆる禍《わざわ》いの荒波が転ぜられていくのです。

阿弥陀さまのはたらきは、生死に関わる私たちの不安や怖れをことごとく打ち砕き、何ごとにも揺るがぬ力強い人生に転じてくださ

います。

それゆえ親鸞聖人は、阿弥陀さまのご本願を心に据えて、お念仏を軸に日々を生きよと、私たちにお勧めくださったのでした。

声援に苦を緩和され

2017年2月

がん治療は、ものすごいスピードで進化しています。

最近、NHKテレビで紹介されたプレシジョン・メディシン（精密医療）という治療法など、ついにここまで来たか！　と、見ていてビックリするほどでした。

がんの遺伝子を解析し、変異した部分を突き止めて、もっとも効果的な薬を投与するという治療法は、副作用がほとんどないといいます。テレビでは、治療を始めて一、二カ月後に、腫瘍の大きさが半分、あるいは三分の一に縮小している例を紹介していました。これからはがんになったとしても、決して悲観することはないなぁと思いました。

英国BBC放送の「今年の女性百人」（二〇一六年）に選ばれ、現在も乳がんの治療を続けている、タレントの小林麻央さん※（二〇一七年六月逝去）はBBCへの寄稿に次のように書いています。

「与えられた時間を、病気の色だけに支配されることは、やめました。なりたい自分に

なる。人生をより色どり豊かなものにするために」

彼女の寄稿は共感を呼び、読者は百万人を超えるといいます。しかし、その前向きな姿勢の陰には、副作用のつらさや仕事ができない悔しさ、社会と関わりが持てない苛立《いらだ》ちなど、多くの負の部分があることでしょう。

たとえ病気であっても、生きていることに変わりありません。何よりも、がん治療のつらさに耐えている自分に寄り添い、サポートし、声援を送ってくれる人々がいます。そうした人々がいてくれるから、私たちは立ち上がり、前を向くことができるのです。

親鸞聖人は、称名《しょうみょう》念仏の称の字について、

「称《しょう》」ははかりといふこころなり。はかりといふはもののほどを定《さだ》むることなり。

（『一念多念文意』、『註釈版聖典』六九四頁）

と解釈なさっています。

計ろうとするものが重ければ重いほど、それに応じた力で支えないと、沈んでしまいますね。阿弥陀さまも同じで、私たちの苦悩がどれほど重くても、それに応じてはたらいて、私たちをお救いくださいます。

お念仏は、ややもすると沈みそうになる私たちを支え生かす、阿弥陀さまの声援なのです。

※**小林麻央**　アナウンサー・キャスター・タレントとして活躍。十一代目市川海老蔵の妻。二〇一七年六月二十二日、がんにより逝去

医療の次に仏教寺院のワケ

2017年3月

先月の診察のとき、担当医師が、「ロンサーフを使っている人の中で、本多さんが一番長くなりましたよ」といいました。考えてみれば、この薬を使って、もう一年七カ月になります。それにしても、私が最長とは……。

この薬は副作用が軽く、私の体調も安定していることから、三月十日の出雲《いずも》組《そ》の本山※・伝灯奉告法要《でんとうほうこくほうよう》※団体参拝に加わることにしました。長らく治療を続けている私にとって、本山への参拝は久しぶりのこと。「今度こそは」と、その日を待っています。

ところで、三十七年前の即如《そくにょ》ご門主の伝灯奉告法要の直前に、私はタイのカンボジア難民キャンプへ取材のため出向きました。当時のカンボジアは内戦状態にあり、ポル・ポト派が知識人を大量殺戮《さつりく》した時代で、おびただしい人々が難民となって、タイのキャンプに収容されました。

私が訪れたのは、サケーオの難民キャンプでした。

そこには戦火を逃れ、地雷や銃撃で傷つき飢餓《きが》に苦しみながらジャングルをさまよった、十数万の人々が収容されていました。開設された当初は、毎日五百人が亡くなったといいます。

難民キャンプは国連が管理運営していましたが、驚いたのは、医療施設の次に建てられたのが、仏教寺院だったことです。国連は、「今、難民に必要なものは何か」を徹底的に分析し、施設を造りました。難民の命を救うために、まず必要なものは医療。次に必要なものは、精神的な支えとなる仏教寺院、と考えたのです。なぜなら、カンボジア難民はすべてが仏教徒でしたから……。

難民キャンプの草葺《くさぶき》の大きな寺院には、毎日あふれるほどの人々が詰めかけ、「ナーモ、ナーモ」という称名が建物を揺らしていました。そこで見たのは、まさに活きたお寺でした。

そのような中で勤まった前回の伝灯奉告法要（一九八〇年）で、〝インドシナ難民救援活動〟が宗門あげて取り組まれたことは、記憶しておかねばなりません。社会が直面している問題と向き合い、苦しみに寄り添うわが宗門の活動は、いつの時代でも悲苦の中にある人々に力を与えてきたのです。

暗雲に覆われて、誰もが不安を抱えて生きる時代に、どんなメッセージが発せられるか……。期待してお参りしようと思います。

※本山　一宗の中心となる寺院で、根本道場。龍谷山本願寺（西本願寺・京都市）

※伝灯奉告法要　第二十五代専如ご門主に法統が継承されたことを、仏祖の御前に

奉告する法要。平成二十八年秋から平成二十九年春にかけてつとめられた

第三章　揺るがぬ人生

不確実なものより確かな仏地

2017年4月

市役所から毎月送ってくる「医療費のお知らせ」には、わが家の家族全員の医療費が記載されています。その中で私の金額だけがズバ抜けており、がん患者の経済的負担がいかに大きいかを思い知ります。しかしありがたいことに、高額医療費制度によって個人負担は軽減されますから、感謝しなければなりません。

あるお寺でお話ししたとき、私はがん患者の苦悩を、次の四つに分類しました。まず一つ目は、「身体的苦悩」です。がんになると、がんそのものに痛みはなくても、抗がん剤の副作用に苦しみます。以前は私も、途中で何度も治療をやめてしまいたいと思うほど、はげしい副作用に苦しみました。

二つ目は、「精神的苦悩」です。腫瘍マーカーの数値が増えると不安になり、再発や余命ということが頭をよぎって、精神的に追い詰められます。

三つ目は、「社会的苦悩」です。がん患者には仕事を辞める人が多くいます。すると人と出会う機会が少なくなり、

社会との繋がりも希薄になって、孤立感に苛《さいな》まれます。

そして四つ目は、冒頭に記した「経済的苦悩」です。治療のために仕事を辞めると、当然のことですが収入が減ります。しかし治療には、高額なお金が必要です。がん患者には、そうした金銭的な問題がつきまとうのです。

このように、いくつもの苦悩を抱えているのががん患者ですが、苦しみにばかり目を向けていたら、生きることさえ厭《いや》になってしまいますね。そこで私が注目するのは、親鸞聖人の、

心《こころ》を弘誓《ぐぜい》の仏地《ぶつじ》に樹《た》て

（『教行信証』後序、『註釈版聖典』四七三頁）

という言葉です。

さまざまな副作用や数値の変化、人間関係や経済的なことは、すべてが移ろ

いゆく、不確実なものです。不確実なものに軸足を置くから心が揺れ動き、不安が生まれるのではないでしょうか。そうではなくて、決して揺らぐことのない阿弥陀さまのご本願の大地（弘誓の仏地）に、軸足を置いて生きるのです。

あたかも樹木が大地に根を張って立つように、心の軸足を確かな仏地に樹てて、凛《りん》として生きる……。お念仏の慶びが、そこにあります。

父の背中を心で感じて

2017年5月

先日、父（前住職・釋克英）の七回忌法要を勤めました。法要の十日ほど前から、境内や本堂、※庫裏《くり》を掃除し、念入りにお荘厳を整えましたが、箒《ほうき》や雑巾《ぞうきん》を手に作業している間、忘れかけていた父の記憶が次々に蘇《よみがえ》ってきたのです。

父は、生後間もなく両親と死別したため、実父の生家であるこのお寺へ養子として迎えられました。長じてからは、※布教使として各地へ出向する一方、『表白灯炬集《ひょうびゃくとうこしゅう》』（百華苑）、『世界感動の語録』（本願寺出版部）などの書物を出版。しかし、七十歳にして呼吸不全に陥り、亡くなるまでの十八年間を在宅酸素療法患者として過ごしました。

病苦という、逃れることのできない人生の苦悩を生きる父から、私は多くのことを学びました。

たとえば、呼吸不全で入院し、気管を切開した直後、病室に泊まった私が深夜に目覚めると、薄暗い部屋に、人工呼吸器のシュポー、シュポーという音だけが響いていました。

その音に合わせて、父の胸が上下に動いています。「親父はこうして、機械によって生かされているんだな」と思うと同時に、〝いのちはひと息、ひと息〟であることを実感しました。それはまさしく〝生死一如〟の姿でした。

また、自宅で療養中に、呼吸困難になったこともあります。ある日の深夜、母の声に驚いて急いで両親の部屋へ行くと、苦しそうに身悶《みもだ》えしている父の姿がありました。すぐに松江の病院へ車を走らせ、緊急処置。危機を脱した父は、そのまま入院しました。

「朝までつき添うよ」という私に、何度も、「もう大丈夫だから帰りなさい」と父。ならば……と病室を出るとき、「気をつけて帰れよ」という力ない声が聞こえてきました。「気をつけんといかんのは、どっち？」と思いました。しかし、そのひと言に込められた〝病んでなお、子を案じる親心〟に、私は胸を締めつけられる思いがしたのです。

晩年は僧侶としての仕事ができなかった父ですが、その身を通して、終生、仏法を伝えてくれました。さらにドラマチックだった父の最期……。

※庫裏　寺院で住職やその家族が居住する場所

※布教使　浄土真宗のみ教えを逸話や譬喩などを交えながら説いて、もっぱら教化活動にあたる僧侶

テーマ通りの父の最期

2017年6月

二〇一一年、三月六日のことでした。

その日の午後から、私のお寺を会場に、出雲組仏教壮年会連盟の研修会が行われることになっており、私は開会を前に、ご講師の接待をしていました。すると、坊守が慌てて講師室に来たのです。

「お父さんの様子が変なんです」……。ただならぬ坊守の言葉で両親の部屋へ行くと、ベッドの上には、大の字になっている父の姿がありました。

在宅酸素療法患者だった父は、酸素マスクをつけていました。マスクには人工呼吸器から酸素が送られ、シュポー、シュポーという規則的な音とともに胸が上下に動き、父はまるで自力呼吸をしているようでした。

しかし、その日は様子が違いました。マスクを外すと、父の呼吸はかすかにしか確認できないほど、弱々しいものでした。すぐに救急車を呼んだのが午後一時前……。サイレンの音とともに救急車が到着したとき、境内にはすでに研修会の参加者が大勢集まっていました。彼らの視線が集まる中、心臓マッサージを受けながら父は病院に運ばれ、そして死を告げられたのです。

研修会は、午後一時半から予定通り開催されました。テーマは奇しくも「死に方の研究」で、ご講師は、「死に方研究会」という会を主宰なさっているご住職でした。私は前年にがんの摘出手術をしていましたので、「死の怖れを乗り超えて、往生浄土の道を生かさせていただくお念仏の教えを、ぜひ聴聞していただきたい」との思いで、このテーマを設定したのです。

「死に方」を学ぶ研修会のその日、百六十人の壮年会会員の目の前で八十八年の生涯を終えた父。それは自らの死を通して、〝生死《しょうじ》無常《むじょう》〟を説くかのような、ドラマチックな最期でした。

あの日から六年……。

七回忌法要の準備をする私の脳裏には、父の折々の姿や言葉が次々に蘇ってきました。そして、生きているときは特に気にも留めなかった親の心が、温かく私を包んでくれました。

私はその日々を、亡き父と再び出会えたような思いで過ごしたのです。

堪え難い愛別離苦の想い

2017年7月

パソコンの画像をボールペンの先でなぞりながら、医師がいいました。

「腹膜やリンパ節のがんにさほど変化はありませんが、右の肺のこのカゲが、以前の倍以上の大きさになっています」。その言葉を聞いたとき、私が思ったことは、「ついにこの日が来たか」でした。

医師は続けました。

「カゲの大きさは、半年前は八・三ミリでしたが、今回は一七・五ミリになっています。現在使っている薬が効かなくなったので、別の薬にかえないといけません」

つまり、再発したがんが薬への耐性を得て増殖し始めたので、スチバーガという強力な薬にかえるというのです。スチバーガは副作用も強力であると前々から聞いており、あまり乗り気ではなかったのですが、私は医師の言葉に従いました。

乳がんの治療を続けている小林麻央さんは、「死ぬのは怖くないけど、夫や子どもたちと会えなくなるのがつらい」と語っています。それに近い思いが、苦しみを伴う治療を私に受け入れさせたのです。妻子や幼い孫、今まで出会った人たちと会えなくなるのは、誰にとっても堪え難いことですし、まだ死ぬわけにいかないという思いもあります。

たとえ往生浄土《おうじょうじょうど》のいのちを生きていても、そして、死ぬのは怖くないと強がっていても、〝愛別離苦《あいべつりく》〟を超えるのは至難です。

人間《にんげん》の八苦《はっく》のなかに、さきにいふところの愛別離苦《あいべつりく》、これもつとも切《せつ》なり
（『口伝鈔』、『註釈版聖典』九〇七頁）

という言葉が頷けます。

こうして、スチバーガによる治療がスタートしましたが、すぐに嘔吐や胸苦しさ、発声障害が出てきました。そして三十九度の高熱が続き、全身が紅斑《こうはん》で覆われ、顔が熱を帯びて赤く腫《は》れるなど、症状はどんどん悪化するばかり。医師は、休薬することを私に告げました。

休薬から一週間たっても症状は治まらず、私は、

「スチバーガでの治療そのものをやめたい」

と医師に訴えました。今回のつらさは受容のレベルを越えていて、治療の続行は不可能と思ったからです。

かくして私の四次治療は、二週間で強制終了したのです。

副作用の〝強弱〟を決め手に

2017年9月

四次治療として始めた抗がん剤・スチバーガの副作用があまりにも激しくて、二週間でその薬を止めたことは前回に書きました。場合によっては毒にもなる薬の怖さを改めて知ると同時に、がんの苦しみとは、すなわち副作用の苦しみである……と再認識したのです。

スチバーガの副作用は、私の体に大きなダメージを与えました。しかし、だからといって治療を止めるわけにはいきません。休薬している間でも、医師は私のために次の薬をリストアップし、診察の日に、それぞれの薬の特徴や副作用について説明してくれたのです。

医師の提案は、点滴薬アバスチンと経口薬の併用でした。経口薬の候補として三種類の薬品名を上げ、その一つひとつについて説明し、「どの薬にしますか？」と私に尋ねました。しばらく考えて、私は、「じゃあ、ＴＳ―１（ティ・エス・ワン）にします」と答えました。

その薬を選んだ基準は、〝副作用の強弱〟でした。副作用が強い薬は当然アウトです。逆に、副作用が弱い薬は、効能にも疑問符がつきますから、〝中ぐらい〟の薬を選択したのです。それが、ＴＳ―１でした。

それからというもの、三週間ごとに大学病院へ行き、診察が終わると、三階の化学療法室でアバスチンを右胸のポートに注射。そして、ＴＳ―１を二週間、朝夕の食後に服用しています。前回の薬のダメージで疲れやすく、声が出にくいことはありますが、体調がよければご法事に参り、会合にも出席できますので、善しとしなければいけません。

そういえば、医師から「薬の影響で色素が沈着しやすくなりますので、日焼け止めクリームを塗ってくださいと忠告されました。だから毎朝、顔と手にクリームを塗っています。両手の指先と顔の一部は、すでに黒ずんでいますが……。

三年ぶりに訪れた化学療法室には、顔なじみの看護師さんが三人いらっしゃいました。その中の一人は、七年前からお世話になっている人です。私の病状を知った人がいるというだけで、気持ちが和らいだのでした。

生の行き着く先は〝お浄土〟

2017年10月

二〇一六年の日本人の平均寿命は、女性が八七・一四歳、男性が八〇・九八歳で、いずれも過去最高を更新したと新聞が報じていました。日本は男女ともに、香港《ホンコン》に次いで世界第二位の長寿国だそうです。

寿命が延びるのは喜ばしいことですが、平均寿命というのはあくまでも統計上の数字で、誰にも約束されたものではありません。ですから六十六歳の私の場合、まだ十四年生きられる、ということにはならないのです。

〝人生〟という言葉にも、同じことがいえます。人生というと、どうしても〝いのちの長さ〟を考えてしまいます。例えば「人生八十年」というと、まだ

○○年生きられると思ってしまいますね。

若い頃のことですが、お聖 教《※しょうぎょう》に〝人生〟という言葉があるかどうか調べてみました。しかし、お聖教にはその言葉が見当たらなかったのです。では、どんな言葉が使われているかというと、「生死の苦海」「生死出《い》づべき道」などの、〝生死〟という言葉でした。

それは、死とともに今、ひと息ひと息のいのちを生きている……ということです。仏教では、生の行き着く先に死があるとは考えません。ですから今ここで、「生死出づべき道」、すなわち死の問題を解決して生きることが求められます。

私のがんは、確実に悪化しています。肺の腫瘍が大きくなったのに続いて、腹膜のがんが増殖して腹水が増えていることが、最近の検査でわかりました。また、ひと月前に腹部に痛みが生じ、大学病院に急行して痛み止めの点滴薬を注射しました。痛みの原因は腹膜のがんでした。

がんと共生し、痛みをコントロールしながら、死と背中合わせの今を生きているのが、この私です。しかしその今は、往生浄土の今です。すでに阿弥陀さまが、私のいのちの問題を解決してくださっているからです。

「全徳施名《ぜんとくせみょう》」といって、お名号※には、この私がお浄土に往生させていただく功徳のすべてが施されています。だから、ただ念仏申すだけ。私たちの往き先は、〝死〟ではなく〝お浄土〟なのです。

※お聖教　釈尊の教説である経典のことで、仏法をあきらかにした菩薩や高僧の著述も含めていう

※お名号　阿弥陀如来の名前であり、「南無阿弥陀仏」の六字をいう

数珠つなぎ・聴聞の旅

2017年11月

松江市にある本願寺山陰教堂の常例法座に出講したのは、七月下旬でした。依頼を受けたのは体調がきわめて良好だった三月。その後、六月頃に病状が悪化し、出講すべきかことわるべきか、ずいぶん迷いました。しかし私自身、久しぶりの布教を楽しみにしていましたので、医師の許可を得て、四、五日ほど抗がん剤を休止。副作用もほとんどない状態で、二席のご法話をすることができました。

常例法座には、顔なじみのご住職やご門徒が大勢お参りしてくださいました。冒頭で、「私は今日、いのちがけでお話しします。ですから皆さんも、いのちがけで聴いてください」と申しましたが、ほとんどの方は私が抗がん剤治療をしていることをご存じですから、ひと言も聴き漏らすまいといった表情で、熱心に聴聞してくださったのです。

驚いたのは、お参りされた人々の中に、群馬県と名古屋の方がいらっしゃったことでした。法座の後、講師室に来られたのでお話を伺《うかが》ったところ、インターネットに全国の法座を紹介する

サイトがあり、そこで私の名前を見つけたとのこと。

「御堂さん」の読者でもあるお二人は、すぐさま〝聴聞の旅〟を計画し、大阪、広島を経て島根へと、一日に一カ寺、四日間の法座参りを実行されたのでした。いうなればインターネットを活用した〝数珠つなぎ・聴聞の旅〟のそんなお二人に出会い、私は圧倒される思いでした。

おのおの十余箇国《じゅうよかこく》のさかひをこえて、身命《しんみょう》をかへりみずして、たづねきたらしめたまふ御《おん》こころざし、ひとへに往生極楽《おうじょうごくらく》のみちを問《と》ひきかんがためなり。

（『歎異抄』第二条、『註釈版聖典』八三二頁）

関東のご門徒たちが親鸞聖人を訪ね、はるばる京都までいのちがけの旅をしたのは、往生極楽の道を問い、尋ねるためでした。いのちの問題を解決する真実の教えを聴くために、まさに身命を賭《と》して旅をしたのです。

今、※報恩講がたけなわです。お二人の〝数珠つなぎ・聴聞の旅〟に倣《なら》って、私も組内《そない》の、いくつかの寺院の報恩講にお参りさせていただきます。

※報恩講　宗祖親鸞聖人のご遺徳を礼讃し、そのご恩に感謝して、僧侶や門信徒が集まって盛大に勤める法要

希望へ転じるお念仏の一本道

2017年12月

今はまだ十月ですが、早くも十二月の原稿を書きはじめています。原稿の締め切りまで、あと四日……。ここ数日の間に書こうと思っていましたが、ご門徒のおばあさんが亡くなられたので、私はとても慌《あわ》てています。慌てる理由は二つあります。一つめは〝何を書くのか、まだ内容が決まっていないのに、葬儀を優先しないといけない〟こと。二つめは〝現在、私の左足はギプスで固定されていて松葉杖の助けが必要。なので葬儀が勤められるかどうか心配だ〟……。

先ほど喪主や業者など関係者と打ち合わせをし、葬儀は二日後に行うことになりました。ですから今日中に原稿を書こうと、今、パソコンに向かっているところです。

ところで、なぜ左足にギプスをする羽目になったのか……。実は十日ほど前に踏み段で足を踏み外してしまったのです。やがて足の甲が腫《は》れはじめ、痛みが激しくなったので病院へ急行。甲骨《こうこつ》が折れていました。

医師はいいました。「手術をすれば早く治りますが、あなたは抗がん剤治療をしておられますからね。抗がん剤が手術にどう影響するか、調べる必要があります」と。翌日になってその結果がわかり、手術はせずに骨がくっつくのを待つことになりました。

現在使っている抗がん剤には傷の治癒《ちゆ》を遅らせる性質があるようで、よほどの場合以外は手術をしない方がよいとのこと。薬の飲み合わせの問題についてはよく耳にしますが、抗がん剤はさらに慎重な扱いが必要のようでした。

いずれにしても、今の私は人の手を借りねばならず、フラストレーションが溜まる一方です。しかし本当は、私の周りの人間の方がストレスは大きいはずです。なぜなら、どれだけ疲れていても家族は私に気を配り、あれこれ世話をしてくれますから……。感謝しないといけませんね。

「仏教は究極のマイナス思考から始まった」とは、確か作家の五木寛之《ひろゆき》さんの言葉です。とかくマイナス思考に陥りがちな私の現実を、希望へと転じてくれるのがお念仏です。だから来年も、お念仏の一本道を生きてゆきます。

突きつけられる老いの象徴

２０１８年２月

靴の底　すり減って
傷だらけになって
私の歩みを
支えてくれる

この寺の掲示板の言葉を目にしたとき、病んだ私を気づかい、激励し、そっと背中を押してくれている周囲の人々の存在に目が向きました。そして、私はその人々の支えの中で生きていることを再認識したのです。

さて、二月一日は私の満六十七歳の誕生日。もう六十七歳なのか！……と、自分の年齢に今さらながら驚いています。

この歳になると〝高齢者〟のレッテルが加わります。私はまだ前期高齢者ではありますが、社会から「あなたはもう、若くないんだよ」と念押しされているような気になります。

ところで、高齢者の特徴といえば、動作や感覚、感性の鈍化を思い浮かべます。私にも思い当たることがあって、昨年の骨折の原因は段差の踏み外しという、動作と感覚のズレでした。ほかにも、法要にお参りする際に鞄《かばん》をまちがえて出かけてしまったり、人の名前が思い出せなかったり……。そんなときは、「自分も歳だなぁ～」と、ため息が漏れてしまいます。

さらに、高齢者と切り離せないのが病です。私にがんが見つかったのは八年前のこと。副作用に悩み、苦しみながら、さまざまな抗がん剤で治療を続けてきました。再発したときには、絶望的な気持ちにもなりました。二〇一七年も副作用で危険な状態に陥りましたが、新たに処方された薬の効果で、今は病状が安定しています。

毎月の血液検査にも変化があり、腫瘍マーカーの数値は昨年七月には〝七〇・三〟でしたが、十二月は〝三四・一〟と減少しています。このまま基準値の五まで減り続け、やがてがんが消えるとの期待も捨ててはいません。

高齢化は急激に進み、この間までは「人生八十年」といっていたのに、いつの間にか「人生百年時代」に変わりましたね。私たちには、長い老後をどう生きるかが、問われているように思います。

老いの悲哀も病の苦悩も死の怖れも、避けることのできない人生の現実です。それをそのまま引き受け、抱えこんでくださる阿弥陀さまのご本願に支えられ、生かされていることに感謝しつつ、六十七回目の誕生日を迎えさせていただきます。

たった六字、されど六字

2018年3月

愚痴《ぐち》な私じゃあるけれど、一切経をみな読みました。一切経をどのように読んだ。「なもあみだぶつ」と読みました。

これは私のお寺にある「一切経」に添えられた言葉です。「一切経」とは、釈尊一代のご説法である経典のすべてをまとめたもので、「大蔵経《だいぞうきょう》」ともいわれています。

おそらく明治時代に発行されたと思しき古びた和綴《わと》じの「一切経」は、十冊ずつが一括《ひとくく》りとなっており、それが十セット以上、百数十冊がアンティークのガラス書棚に収まっています。

実はこの「一切経」は、およそ三十年前に、ある女性から寄贈されたものなのです。そして冒頭の言葉はその女性の作で「一切経」をお持ちになったとき、紙片にこの言葉を書いて添えてくださったのでした。

この言葉を読むたびに、いつも私は、「すごいなあ〜」と感動してしまいます。何がどうすごいのかといえば、この短い言

葉で八万四千の法門《ほうもん》といわれる釈尊一代のご説法、凡夫の私たちには難解な経文《きょうもん》のすべてが、「南無阿弥陀仏」の六字におさまる、といい切ってくださっているからです。お念仏のすごさがストレートに伝わってくるのです。

『教行信証』の後序のご文に、

慶《よろこ》ばしいかな、心《こころ》を弘誓《ぐぜい》の仏地《ぶつじ》に樹《た》て、念《おもい》を難思《なんじ》の法海《ほうかい》に流《なが》す。

（『註釈版聖典』四七三頁）

とあります。親鸞聖人は阿弥陀さまの弘誓の仏地、つまり大いなるご本願に心を樹てて生きる慶びを、私たちにお伝えくださいました。

「樹てる」が樹となっていることに注目したいです。まさに樹々が大地に根を張り、凛として立つように、阿弥陀さまのご本願の大地に、しっかりと樹って生きてほしい、との願いが込められているように思うのです。

最近の私の病状は、腹水が増え、腫瘍マーカー値が再び増加に転じました。病状や体調は常に変化し続けますから、紆余曲折《うよきょくせつ》は避けがたく、数値の変動に一喜一憂することもあります。

しかし、今の私は、弘誓の仏地に樹ち、お念仏に支えられて、揺るがぬ人生を生きています。まさに、慶ばしいことと申すしかありません。

第四章　生きるとは出会い続けること

七十年前の婦人会報一号

2018年4月

おかげさまで「癌を生きる」を連載して、四年目を迎えました。がんの再発から五年が経ちました。医師から再発を告げられて死を覚悟したこと、再開された化学療法で副作用に苦しんだことを、鮮明に思い出します。

ところで、私のお寺の仏教婦人会は、今年で結成七十年になり、先頃記念の集いを開催しました。一日がかりの集いでしたが、体調もまずまずで、何とかやり遂げることができました。

この集いに合わせて記念誌を作ったのですが、何しろ私が生まれる前に発足した会ですから、結成当時のことがまったくわかりません。とりあえず古い写真や文書を収集したところ、一九四六年に発行された婦人会会報の第一号がご門徒宅のタンスから出てきたのです。

父が作ったガリ版印刷の会報は、経年で傷みがひどく読みにくかったものですから、パソコンで復刻版を作成し、記念誌に収録しました。その会報の一面には梅原真隆《うめはらしんりゅう》師の原稿、二面には東條英機氏などA級戦犯九人の方の仏徳讃嘆の歌が掲載されており、終戦直後という時代の匂いを感じさせました。

また、二面には父のコラムが載っていて、そのタイトルが、「姫鏡台《ひめきょうだい》」となっているのが目を引きました。そこには、①念珠を忘れずに持参すること、②必ず帳面を持つこと、③朝夕家族そろって仏壇に額《ぬか》ずくこと……等、会員の心得が記されていたのです。

なぜ父は、コラムのタイトルを、「姫鏡台」にしたのだろうか、と私は考えました。「自照如鏡《じしょうにょきょう》」、すなわち仏法は、鏡のごとく自らを照らすといいます。姫鏡台は女性にとって必需品ですから、父はこのタイトルに、鏡を見て身だしなみを整えるが如く、仏法を心の鏡として、しなやかに生きてほしい――との願いを込めたのでしょうか。

戦後の混乱の中、入会希望者を募り、約八十人でスタートした仏教婦人会ですが、現在は会員数が半減しています。近頃お寺離れという言葉を聞きますが、人にとって何より大切なことは、仏縁に遇うこと……。この連載で、お念仏に生きる歓びを伝えさせていただけることを、ありがたく思っています。

「降誕」その意味に感謝して

2018年5月

五月二十一日は親鸞聖人がお生まれになった日で、ご本山では、「宗祖降誕会《しゅうそごうたんえ》法要《ほうよう》」という慶びの法要が二日間にわたり盛大に勤められます。「降誕会」の内容は御影堂《ごえいどう》での音楽法要をはじめ、能や狂言の上演、お抹茶接待など多彩で、毎年華やかな賑わいが境内を覆い尽くします。

ところで、釈尊や親鸞聖人のお誕生日を〝降誕〟というのは、なぜでしょうか？　そのことについて、大学の先輩で親しくお付き合いしている元中央仏教学院長・北畠《きたばたけ》晃融《こうゆう》師の著書『仏道を学ぶ』（永田文昌堂刊）には、次のように書かれています。

「降」には、
くだす、おちつく、よろこぶ。
という意味があります。次に「誕」には、
いつわる、あざむく、うそ、うまれる、そだてる。
などと多くの意味があります。これらから降誕とは「いつわりの世界でうごめいている私のために、真実の世界を知らせるために、真実の世界からおりてくださる」ことだと味わうことができます。
（五三頁）

なるほど……と納得できました。つまり釈尊や親鸞聖人がお生まれになったのは、嘘や偽りの世界に生きる、この私のためだったのです。そういえば、〝如来〟という言葉にも、苦悩の世界にいるこの私を救うために真如《しんにょ》（真実）の世界から来られた方、という意味があります。仏教がこの私のために説かれた教えであることが、よく理解できますね。

　さて、この私のことですが……先日のＣＴ検査で腹膜播腫にはあまり変化がなかったものの、肺の腫瘍が直径三センチを超えたため、薬を変えるかどうかの決断を迫られました。しかし、新薬とセットで使用する二種類の点滴薬は、以前にも使ったことがあって、副作用にずいぶん苦しんだ覚えがありますし、腹水がある場合はさらに

副作用が強くなるとのこと……。その説明を聞き、私は即座に「現在使っている薬を、このまま続けます」といったのでした。

がんになって八年……今や〝がんも私の一部〟となっていますが、がんは少しずつ成長し、いつ呼吸に異常が出てもおかしくない状況にあります。そんな中で迎える今年の「降誕会」は、この私のために生まれられ、この私が救われていく真実の教え、お念仏を伝えてくださった方々に心から感謝したいと思っています。

一冊の本と念仏の力

2018年6月

先日、姫路市のある男性から電話がありました。用件は、私が四十二歳のときに出版した『念仏は大きな力となって』（本願寺出版社刊）という本が手元にあるかどうか、ということでした。彼は、「先生の本を読んで、私は立ち直ることができました。その本があれば、ぜひ分けて欲しいのです」といいました。その思いに応えたく、私は数少ない在庫から二冊を彼に送ったのです。

『念仏は大きな力となって…』上代絲子さんの歌と人生』は、私のお寺のご門徒で、歌人の上代絲子《じょうだいいとこ》さんの歌と人生を紹介した本です。彼女は、出雲市の女学校を卒業後、家の農業を手伝い、田畑の耕作、養蚕《ようさん》、牛の世話など、早朝から夜遅くまで働き通しの日々を過ごしました。ある日、蚕《かいこ》の下に敷かれた古新聞に目をやると、与謝野晶子《よさのあきこ》さんの歌が載っており、その歌に感動した彼女は、すぐに手紙を出しました。それ以降、与謝野晶子さんと文通が始まり、歌を直《じか》に学ぶことができたのです。

戦後、彼女は結婚しましたが、先妻の子二人と夫は相次いで結核で亡くなりました。極貧の生活を強いられた彼女は、市が行なっている失業対策事業に従事。しかし、仕事のほとんどは建設工事や清掃作業などの肉体労働でした。そんな中、彼女も結核になったのですが、子どもを育てるために休まず働きました。そのような過酷な生活をしながら、彼女は数多くの歌を詠んだのです。

いつ死ぬと知れぬ命を自らはいたわりもせで道に働く

（『念仏は大きな力となって…　上代絲子さんの歌と人生』六一頁）

日の射せば石の花ども咲く心地すなりひねもす石を運びて　（『同』七一頁）

彼女を支えたのは、お念仏でした。幼い頃、絲子さんを膝に抱いてかわいがった祖父の口癖は、「お念仏を称えるときは、ひとりじゃないぞ。いつもいっしょに阿弥陀さまがいらっしゃるんだぞ。お念仏を大事にせえよ」でした。彼女は次のように詠んでいます。

祖父を継ぐ南無阿弥陀仏
そのほかは我に宝の
何一つなし　（『同』一九頁）

姫路市の男性からいただいた礼状には、「最愛の弟が今年五十一歳でお浄土に旅立ち、悲嘆に暮れておりました」との言葉がありました。

一冊の本が、彼を悲嘆から立ち直らせる大きな力となったのです。それは、私にとってもうれしい出来事でした。

私をむしばむ二つの変化

2018年7月

がんを患って来月で八年になります。丸七年の間、がんは転移と再発を繰り返してきましたが、治療をしながら仕事を続けられるのは本当にありがたいことです。しかし、最近になって、私の体に気になる変化が表れてきました。

〔変化その一〕

二カ月ほど前から急激に視力が衰えてきました。涙と鼻水が止まらないので花粉症かと思いましたが、いつまでも視界はかすんだままで、新聞やテレビを見るのさえ苦痛です。

「世の中は不透明で見通せないことが多すぎるから、その影響が目にきたのか」と冗談をいっていましたが、視力は低下する一方。車の運転も危険に思えたので、近くの眼科医で診てもらったところ、白内障と診断されました。白内障は手術をすれば嘘みたいに良くなるらしいですね。しかし私は抗がん剤を使っていますので、眼の手術に抗がん剤がどう影響するかを見極めねばなりません。そこで医師に相談し、がんの治療をしている医大病院で眼の手術をすることにしました。

手術に向けて精密検査をしたところ、視力低下の驚くべき原因が判明しました。なんと、急速に視力が衰えた原因は、抗がん剤が涙腺《るいせん》を伝って両眼に流入し、眼球を傷つけたせいだったのです。そんなことが実際にあるのかと、信じられない思いでした。

〔変化その二〕

これもCT検査でわかったのですが、腹水に続いて右の肺にも水が溜まり始めました。水量は今のところ二〇〇ccほどですが、今後増えるのは確実です。医師の説明では、これから先、咳《せ》き込んだり呼吸が苦しくなったり胸が痛んでくる、とも……。そんな症状が出た場合は、より強力な抗がん剤を使うことになります。

がん治療は堂々巡りで、最先端の薬でがんを攻撃しても、がんは体の一部として存在し続け、私の体を侵食していきます。治療には副作用がつきまとい、次第に体力もなくなっていきます。今では夜八時になると、私の体力は限界に達します。

それでもプランを立てて教化活動をすることが、私の喜びです。がん患者の住職が取り組んでいる教化活動について、次にご紹介しようと思います。

一難去ってまた一難

2018年9月

抗がん剤で傷ついた両眼の手術は無事に終わり、視力が戻って目に映るもののすべてが輝いて見えます。眼の手術という、ぞっとするような体験をしたのですが、術後に思ったことは意外にも、「なんと見事な手さばき！」でした。まるで料理人が魚をさばくように、医師の手は一瞬の隙《すき》も迷いもなく動きます。手術室に入って二十数分……。今、眼球を縫合《ほうごう》しているな？　と思った直後に、「終わりましたよ」の声が聞こえました。

眼の手術に備えて、抗がん剤は休みました。抗がん剤を使わないので、副作用はありません。体は楽になったのですが、その代わりにがんの方が勢いづいたのです。

播腫に侵された腹膜に痛みが生じ、二カ月前から鎮痛剤を飲むようになりました。その効果で、法務や会合、教化活動が支障なく行えるのは、何よりありがたいことでしたが、それとは逆に、抗がん剤を休止したためにがんが活性化したのか、お腹の痛みが強くなってきたのです。

先日の朝も腹部が痛み出し、鎮痛剤を飲みました。しかし、いつもとちがって痛みが消えません。もう一錠増やしてもダメでした。そんな状態で、私はご法事にお参りしたのです。その日は鎮痛剤をさらに追加し、夕方になってやっと痛みが和らぎました。

病院に行くことも考えました。しかし私はそれをせず、沈静化するのを待ちました。幸い痛みが治まったからよかったのですが、はたしてその選択は正しかったかどうか……。

二〇一八年度から、私は新しい教化活動のプランを立てました。腹部が痛んだのは、そのプランを軌道に乗せるための「教化推進委員会」を開催した直後でした。出鼻をくじかれた感がありますが、住職の病気がどうあれ、プランは実行に移さないと意味がありません。

二十数年前に作った「教化推進委員会」は、「み教えを伝え広める」というお寺の使命に住職と門徒が一つになって向きあい、全員が協力して教化活動を推し進める組織です。

今、がん患者となった私は、この会があることを真にありがたく思うのです。病気の住職ひとりでは、何にもできないのですから……。

光る青信号と灯った黄信号

2018年10月

私のお寺で新たに作った教化プランは、若者の《お寺離れ》を目《ま》の当たりにした危機感から発想したもので、実をいうと、「門前を通り過ぎる人々の心をつかむ」という「御堂さん」の編集方針にも影響を受けています。

このプランで、私はお寺を「ふれあい空間」と位置づけ、多彩なイベントを通して、大勢の人々に仏さまの心に触れてもらおう……と考えました。

例えば、「法座」という言葉は、今の若者には通用しません。そこで一般的な「仏教講座」に置き換え、※報恩講には、「報恩講に寄せて〜すべてがおかげさま」というサブテーマを添えました。※永代経《えいたいきょう》は「み教えを未来に伝えるために」、お彼岸※は「私にはお浄土がある」がサブテーマです。これにより初めて聴聞《ちょうもん》する人や他宗の人なども来られ、お参りの人数が増えました。

仏教婦人会の「新春ミニコンサート〜お話とフルート演奏」や、「やさしいオモテナシ講座〜おいしい煎茶《せんちゃ》の入れ方」。仏教壮年会の「花まつり子ども大会」や、「親子もちつき大会」。さらに、「妙好人ゆかりのお寺めぐり」、桂弥《かつらや》っこさん出演の「成福寺寄席」なども行いますが、すべて教化推進委員会がバックアップします。

宣伝は、新聞の折り込みチラシも利用します。チラシ印刷は、最近ではカラーで一枚二〜三円という廉価な業者があり、経費が抑えられます。新聞の折り込みだと、ご門徒以外にも広くPRできますし、お寺でこんなこともしているのか、という評価をいただくメリットがあります。さらに会員の減少に悩む婦人会や壮年会への、入会の呼び水にもなります。

「ふれあい空間・成福寺」は、順調に軌道に乗りつつありました。が……、ここに来て私自身の身に再び黄信号が灯《とも》ったのです。というのは、今月の診察時に、医師はCT検査の結果説明をしたのですが、右の肺にある腫瘍が四センチメートルを超えたといいました。

やがて痛みと呼吸困難を伴うようになる……と前置きし、医師は私に緩和ケアについての説明を受けるよう勧めたのです。

その言葉を聞いて、「ついにこの日が来たか」と私は思ったのでした。

※**永代経**　故人を偲びつつ仏縁に遇う法要。浄土真宗では、仏恩を報謝し聞法の機会を得る法要で、故人への追善供養ではなく、法義が永代に伝えられることを願ってつとめられる

※**彼岸**　春分・秋分の日の前後七日間にわたり勤修される仏徳讃嘆、仏恩報謝の法要

残された時間を大切に

２０１８年11月

「これからは激しい痛みに襲われることがあります。呼吸が苦しくなることもあります。痛みは医療用麻薬を使って緩和できます。この病院（島根大学医学部附属病院）にある緩和ケア病棟の専門スタッフから説明を聞かれませんか」という医師の言葉を聞き、私は、「ついにこの日が来たか」と思いました。

緩和ケアというのは、それこそ治療が不可能となった末期患者への、最終的な手当てを意味します。実は、三年前に亡くなった私の兄も、最後は京都の大学病院の、緩和ケア病棟に身を置いたのでした。

その段階になると治療などなくて、麻薬で痛みを抑えるだけでした。そして意識が朦朧《もうろう》とし、眠る時間が長くなり、わずか一カ月で兄は亡くなったのです。

そのことを思い出した私は、医師にいいました。

「もう、覚悟しないといけない時期を迎えたのですね」

「そういっても、よいかもしれません」……。

ごまかしのない、決然とした医師の言葉が、私の心を突き刺しました。

痛み止めを常に服用しているので、我慢できないほどの痛みを感じることはありませんでした。ところが九月に入ったころから背中に痛みを感じるようになり、あまりに痛みがひどいので、真夜中に出雲の医大病院の救急外来に飛び込んだこともありました。そしてついに、医療用麻薬による緩和ケアへと移行していったのです。

そして、秋彼岸お中日《ちゅうにち》（真ん中の日）の九月二十三日朝、急に胸が苦しくなり、呼吸するのも困難な状態になったのでした。

がんの発症から八年、再発・転移から五年……。いよいよカウントダウンのときを迎えたのだろうかと思うと、何とはなしに厳粛な気分にならざるを得ないのでした。

それからというもの、考えることは、「あと、どれくらいの時間が残されているのだろうか？」ということです。兄のことを考えると、ほぼ予測はできます。

その残された時間に、私がすべきことはたくさんあります。この「御堂さん」連載も、できるだけ書き溜めておこうと思います。また、絶版となっている『念仏は大きな力となって… 上代絲子さんの歌と人生』の再版も考えています。

そして膨大な書類の整理、不要な物の廃棄……。一日一日の限られた時間の中で、一つひとつのことを心を込めてしておきたい、と思うのです。

変わらない幸せの総量

２０１８年12月

最近、《げんきなこ》という名前の音楽ユニットで活動している、ご夫婦と知り合いました。旦那さんが《げんき》君で奥さんが《きなこ》さん。お二人は五十代で、広島県廿日市市《はつかいちし》にお住まいです。

《げんき》君は、中国電力で原子力発電所の設計をなさっていました。仕事も充実し、人間関係も良好……申し分のない人生を歩んでこられましたが、今から五年前に、パーキンソン病という難病に罹《かか》られたのです。

治療のため、仕事を辞めざるを得ませんでした。それまでとは生活が一変し、人間関係も狭まりました。孤立感が深まり、精神的に追い詰められていく日々が続きました。

しかし、理系の《げんき》君は、コンピューターの操作が得意ですし、《きなこ》さんは、透き通った声の持ち主で詩も書かれます。いつしか《きなこ》さんが作詞し歌い、《げんき》君が作曲と楽器演奏をパソコンでこなすというスタイルができて、パーキンソン病の友の会などで歌うようになりました。

お二人の活動の場は徐々に広がり、コンサートへの出演依頼もくるようになりました。来年の四月には私のお寺で演奏していただきますし、六月には京都で行われるパーキンソン病の世界大会で、英訳した歌を二曲披露するそうです。《げんきなこ》のホームページに、「しあわせ量保存の法則」と題する次の文章がありました。


パーキンソン病患者も、人生半ばにして多くのものを失います。

それでも私は最近思うのです。高校の物理で「運動量保存の法則」とか「エネルギー保存の法則」とか学びましたが、概ね一人あたりの「しあわせ量」は、人生途中で大きな障害となるような出来事が起こったとしても、生きてさえいればやがて今までとは異なる価値観が見つかり、結局、幸せの総量は変わらないいんじゃないかと。

共感できる文章でした。

がん患者の私も、マイナスの状況だからこそ、多くの感動とよろこびに出会うことができました。

阿弥陀さまのはたらきが「重誓偈《じゅうせいげ》」には「普照無際土《ふしょうむさいど》（『日常勤行聖典』八一頁／あまねく闇の世を照らす）」と説かれています。人生のマイナスをプラスに転じるそのはたらきを、私も確かに感じて生きています。

どこまでも寄り添い救う

2019年2月

二月一日に、私は六十八歳になりました。

昨年九月に緩和ケアのお世話になったとき、「はたして、次の誕生日を迎えることはできるだろうか」との思いがあったのも事実。ですから、今年の誕生日は感慨一入《ひとしお》のものがありました。

実は昨年の暮れに、一カ月間入院しました。三十九度三分の熱が出たためで、検査の結果、肺炎にかかっていたのです。すぐに抗生剤の点滴治療が開始され、一週間ほどで症状は治まりましたが、その数日後、今度は食事ができなくなり、嘔吐を繰り返しました。医師は腸閉塞《ちょうへいそく》を疑い、内視鏡検査をしました。しかし腸に異常はありませんでした。

さらに調べた結果、腹膜のがんが増殖したことと腹水の増加が重なって、腸を圧迫したのが原因とわかり、鼻からカテーテルを挿入して、腹水を抜き取る治療が始まりました。この治療中、十日間ほど絶食し、何種類もの点滴に縛られて、私は動くこともままなりません。体は肉を削ぎ落としたように痩せ、体重は四十五・六キロまで減りました。

しかし、主治医をはじめ、四人の消化器外科の医師、緩和ケアの医師、看護師、医療相談員などがチームを組んで、私に向き合ってくれました。医師たちの姿勢からは、どこまでもあなたの悲苦《ひく》に寄り添いますよ……という思いが、ひしひしと伝わってきたのです。

さて、昨年九月に緩和ケアに入ってからというもの、私はまさに、「ひと息ひと息のいのち」を生きている感があります。「生死一如」、すなわち、「生とともに死がある」ということが、ストレートに心に響いてくるのです。そして、「そのままの救い」といわれるお念仏のありがたさを再認識するのです。

若い頃のことですが、理容店で髭《ひげ》を剃ってもらったとき、私は剃りやすいようにと、カミソリの動きに合わせて顔を動かしました。するとご主人に、「じっとしとってください」といわれてしまいました。変に動くと、

ケガをしてしまうのです。不安や心配、怖れからくる自分のはからいを捨て、すべてをおまかせする。それがお念仏の救いです。

呼吸が苦しくても、意識が混濁しても、常に私に寄り添い、そのままかならず救う……阿弥陀さまの救いは確かです。

ふたたび出会う世界があるから

2019年3月

「生きるとは、出会い続けることである」

これは二十年ほど前に、ある研修会で聞いた言葉です。

この言葉には続きがあります。それは、「今の私は、まだ出会っていない人がいるから、今の私でしかない」という言葉です。インパクトのある言葉ですから、いまだに記憶に残っています。

つまり、この私は、今まで出会ったいろんな人々の考えや教えに影響されて出来あがっているのです。そして、これから先、どんな人と出会うかによって、私はまだまだ変わっていく可能性があります。

六十歳を前に、私はがんという大きな病と出会いました。病苦という逆境の中でさまざまな試練と向き合いましたが、確実にいえることは、悲嘆や懊悩《おうのう》などのネガティブな思いだけでなく、よろこびや希望があったことです。

よろこびの筆頭は、何といってもがんが再発した六年前に出版した『燈炬～法語を聞く』が縁となって、「御堂さん」の連載が始まったことです。この連載によって

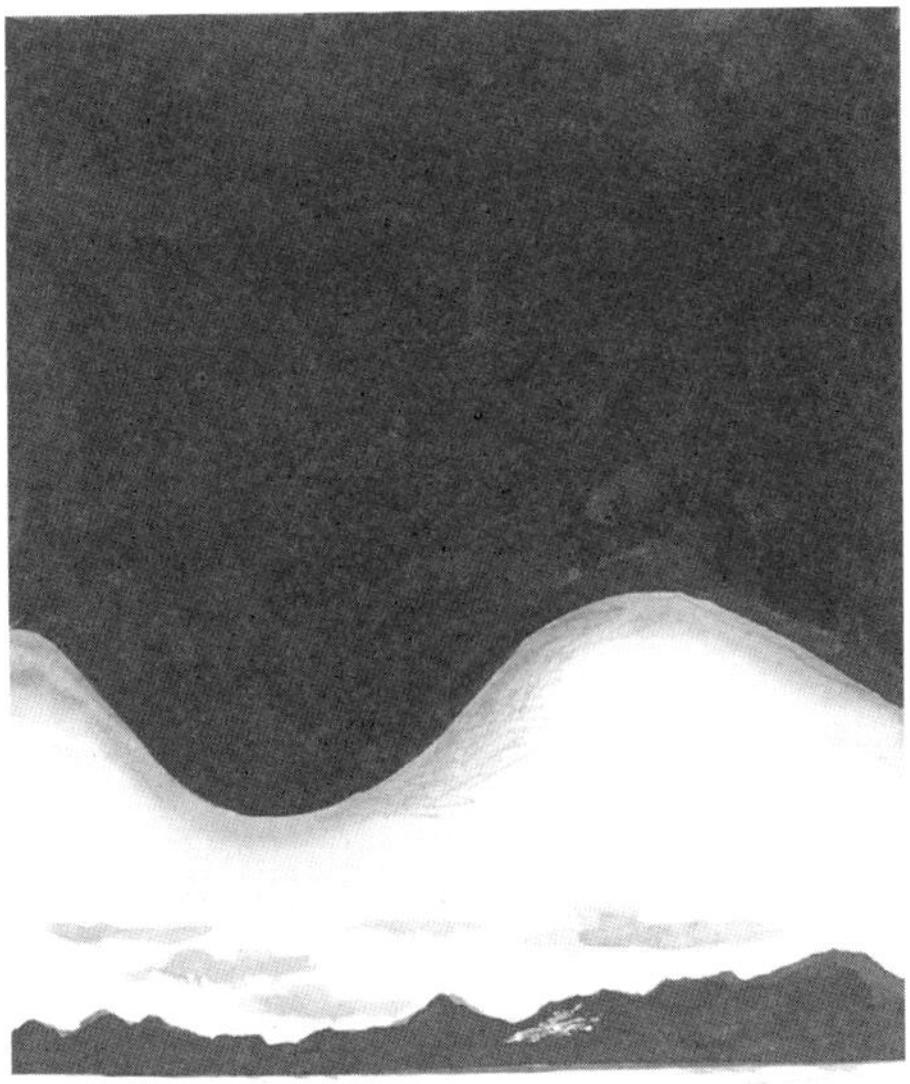

病苦と真正面から対峙し、ここに届いてくださる阿弥陀さまのはたらきを確認しながら生きられたのは、大きなよろこびでした。

また、連載を通じて、いろんな人と出会うことができました。電話や手紙で激励してくださった方、わざわざ会いに来てくださった方……。多くの方々がこの私に寄り添ってくださり、ともにお念仏の道を歩めたことは、私の人生を荘厳する出来事でした。

数カ月前のことです。私より三つ年上の先輩住職が、耳もとで、「ワシより先に死んだらいかんぞ」といいました。そのとき私はとっさに、「死ぬ気がせんのです」と返答したのでした。

死ぬのではなく、お念仏のはたらきによって往生させていただく私です。往生、すなわちお浄土に往きて生まれるのです。いわば第二の誕生日を迎えさせていただく私です。お念仏をよろこぶ世界に、死は存在しません。

お浄土とは、再び出会う世界です。「生きるとは、出会い続けることである」……。私の出会いは、これからも続きます。

これで連載は終了します。お付き合いいただき、ありがとうございました。

南無阿弥陀仏

追悼文―本多昭人先輩に謹んで申し上げます

謹んで、敬愛する本多昭人先輩に、今生《こんじょう》での最後の言葉を捧げたいと思います。

本多さん、あなたがステージ4のがんに侵されていると知ったのは、二〇一四年の三月、自費出版された貴著『燈炬』を送ってくださったときのことでした。下巻の「法に生きる」で、医師から深刻な事態での再発を告げられたあなたが、病院から帰宅するいつもの見慣れた風景が「今までとは違って見えた」と綴られた文章に、私は衝撃を受けました。カメラで、本堂の仏具から日用品まで、身近な景色を片っ端から写したといわれる行動からも、いのちの終焉《しゅうえん》を突き付けられた人間の、切羽詰《せっぱつ》まった心情が伝わってきて、胸が騒《さわ》いだのでした。

あなたが前年四月にがん再発と診断された、その年の九月に、私は同じ大腸がんで腹腔鏡手術を受けており、他人事とは思われませんでした。いつ、私も、という思いがあったからでしょう。現に二年後、私は再び腎臓にがんができて手術することになり、また昨年から前立腺がんの疑いで経過観察の身となっておりますが、お蔭さまで日常に支障はなく過ごしております。本多さん、あなたはそんな私の心まで慮《おもんぱか》って「お互い、大事に生きような！」と優しく励ましてくださいましたね。

あなたが病苦と向き合いながら、限りあるいのちを懸命に生きておられる姿を、より多くの人に知らせたいと思った私は、二〇一四年九月、月刊誌「御堂さん」に連載してくれるようにと頼みにまいりました。初めは「いつ途切れるかもしれない」と躊躇《ためら》われましたが、すぐに決心され、快く引き受けてくださいましたね。「癌を生きる」というそのエッセイは、高熱にうなされ、食事ができずに嘔吐を繰り返し、一息一息がつらくしんどい壮絶な苦しみの最中にも、いつも仏さまの喚び声が聞こえてくるようで、多くの読者の心を惹きつけました。毎号毎号、「次はどうなっておられるか？」と、自分のことのように心配し、ときに安堵し、そしてお念仏に生きるあなたの生きざまに、喜びを感じておられたのです。二〇一五年四月号から丸四年間、この三月号で完了するのですが、見事に最終原稿まで書き続けてくださいました。これは偉業といわねばなりません。本多さん、本当にご苦労さまでした。

その最終原稿で、あなたは「死ぬ気がせんのです」「お浄土に往きて生まれるのです」ときっぱり言い切っておられますね。息を引き取られる四日前の電話でも、私に「有り難いことです」とおっしゃっていました。そして、一昨日、すでに棺《ひつぎ》に入っておられましたが、半眼ですべてを見通されているようなそのお顔は、尊い仏さまのお顔でした。

「本願寺新報」時代から四十年の歳月が経ちましたが、何事をも誤魔化さず、常に自分と向き合い、本物を追求するその姿勢が嬉しくて、親しくさせてもらいました。今度は、正真正銘《しょうしんしょうめい》の仏さまとなって、さまざまなシクジリを繰り返す私の人生を、朗らかに笑いながら優しく包んでおってください。そして、いずれまた、阿弥陀さまのお浄土でお会いいたしましょう。ありがとうございました。

ナモアミダブツ

二〇一九（平成三十一）年二月十六日

末本　弘然

※本多昭人師の葬儀における弔辞より

〈著者紹介〉

本多 昭人（ほんだ あきと）

1951（昭和26）年2月1日生まれ。

龍谷大学文学部卒業後、同大学院を経て本願寺新報記者。

1986（昭和61）年2月15日、島根県雲南市成福寺住職に就任。

浄土真宗本願寺派布教使、浄土真宗本願寺派研修指導員、保護司、山陰教区基幹運動推進相談員、山陰教区布教団副団長、出雲組長など歴任。

2019（平成31）年2月11日、逝去（68歳）。

著書：『燈炬法語を聞く』『燈炬Ⅱ 法に生きる』（ハーベスト出版）、『念仏は大きな力となって… 上代絲子さんの歌と人生』（本願寺出版社）他。

初出：「癌を生きる」と題して本願寺津村別院発行「御堂さん」（2015年4月号～2019年3月号）に連載

ふたたび出会う世界があるから お坊さん 癌を生きる

2020年2月16日　第1刷発行

著　者　本多 昭人

編集協力　末本 弘然

発　行　本願寺出版社
〒600-8501　京都市下京区堀川通花屋町下ル
浄土真宗本願寺派（西本願寺）
TEL 075-371-4171　FAX 075-341-7753
http://hongwanji-shuppan.com/

印　刷　株式会社 図書印刷 同朋舎

ISBN978-4-86696-013-5 C0015　BD02-SH1-①20-02